1991

Almanacco Electa dell'architettura italiana

Comitato scientifico
Pippo Ciorra
Claudia Conforti
Alberto Ferlenga
Fulvio Irace

Coordinamento
Sissi Castellano

© 1991 by **Electa**, Milano
Elemond Editori Associati
Tutti i diritti riservati

Sommario

7 Introduzione

11 Architettura delle istituzioni
e dei luoghi sociali

121 Architettura della produzione e del commercio

141 Architettura residenziale

189 Infrastrutture urbane e territoriali

203 Indice e referenze fotografiche

Introduzione

Le riviste e i periodici italiani di architettura, divenuti numerosissimi nell'ultimo decennio, registrano, per motivi difficili da indagare in questa sede, un panorama architettonico nazionale limitato e circolarmente ripetitivo. Poche opere si inseguono dalle pagine dell'una a quelle dell'altra rivista, certificando una staticità del quadro disciplinare che sembra riverberare specularmente quella del quadro istituzionale.
La realtà produttiva dell'edilizia, ribollente e multiforme talora sino alla drammaticità, viene rimossa; la variegata molteplicità dei ruoli e delle prestazioni professionali viene appiattita su pochi autori.
Il desiderio di allargare, anche avventurosamente, l'orizzonte di osservazione ha suggerito il ricorso al metodo "diretto" di raccolta dei materiali per quest'*Almanacco dell'Architettura Italiana* 1989-90, testa di serie di una pubblicazione che si prefigge, a scadenza annuale, di accogliere e di riflettere un quadro della produzione edilizia del nostro paese il più possibile aderente ai molteplici aspetti della sua realtà. Il punto di partenza si è giovato di una serie di annunci pubblicati sulle principali riviste di settore dell'editoriale Elemond e di una lettera circolare diffusa attraverso gli ordini professionali. Sono così approdati sul nostro tavolo di redazione centinaia di dossier della più diversa provenienza geografica che hanno richiesto molti mesi di lavoro per poter essere esaminati e valutati attraverso un impegnativo e serrato confronto collettivo. Questo sistema, organizzativamente complesso, è stato tuttavia preferito alla tradizionale cooptazione individuale o all'abituale metodo della selezione di opere già pubblicate su riviste locali e nazionali. La sfiducia per questo tipo di procedura, peraltro consueta nella compilazione di annuari, si è accompagnata a un complementare rifiuto della formula dell'antologia che, per quanto non priva di una sua utile e prestigiosa tradizione, finisce tuttavia per privilegiare valori già consolidati: confermando il già noto, non illumina, se non incidentalmente, le ignote regioni del territorio professionale, quasi sempre estraneo al mondo accademico e protagonista, di contro, della pubblicistica disciplinare.
La scelta del sondaggio in presa diretta partiva, per conto nostro, dall'intenzione – o dalla speranza – di poter così cominciare a indagare la nebulosa vasta e generalmente sconosciuta produzione professionale media, aprendo degli sbocchi conoscitivi che le sono abitualmente preclusi dall'attuale sistema dell'informazione. Se si riflette, d'altra parte, sulla circostanza che tale produzione coincide di fatto con l'immagine quotidiana delle città e del territorio antropizzato, si può constatare come la scelta del punto di partenza non comporti solo una disquisizione astratta di metodo, ma, anzi, coinvolga una questione di vitale importanza.
Se tale intenzione ha finito o no col riflettersi sul panorama presentato in queste pagine, giudicheranno i lettori. Per parte nostra, l'obiettivo può dirsi, in questo primo tentativo, solo parzialmente raggiunto, in quanto è parso al comitato di direzione che una sorta di automatico meccanismo di autoselezione ha regolato il flusso delle partecipazioni. La maggior parte di quella "quantità" edilizia, ad esempio, di cui si diceva, ha lasciato poche tracce sulle pagine dell'almanacco, pur lasciandone invece di cospicue ed evidenti nelle espansioni periferiche delle nostre città. La qualità finisce quasi sempre con l'essere inversamente proporzionale all'entità dei lavori, mentre le importanti trasformazioni urbane annunciate nelle grandi e medie città nei passati decenni sembrano di fatto essere svaporate in una mediocrità che rasenta il cinismo della routine. In questi casi, l'incontro perverso di effetti legislativi, normativi, politici ecc. soffoca ogni proponimento di controllo della qualità, espelle la problematicità dell'intervento, ne riduce la portata a semplice regolamentazione dell'efficienza performativa.
Analogamente sembra significativa la scarsità di proposte riguardo quella tematica dell'"arredo urbano" che pure, nella prassi corrente delle nostre amministrazioni municipali, pare essere divenuta un

motivo ricorrente o, piuttosto, un ricorrente luogo comune.

L'ambizione di delineare un profilo, come si diceva, realistico del panorama architettonico italiano, non può evidentemente escludere, per ragioni di completezza e per dover d'informazione, l'opera di quegli architetti che, a vario titolo e su diversa scala, occupano l'attenzione della pubblicistica ufficiale.

La maggior parte di loro è infatti presente in questo primo almanacco: a chi dovesse notare la vistosa assenza di qualche prestigioso protagonista, ricorderemmo che essa è dovuta semplicemente alla mancanza di opere costruite nell'ultimo biennio. Si tratta, insomma, di un'"assenza" su cui è possibile costruire qualche riflessione critica né improvvida né inopportuna a proposito della distribuzione degli incarichi in questo paese. Un'altra precisazione va fatta sui criteri di esposizione che il comitato di direzione ha creduto di dover adottare: si è preferito, infatti, privilegiare gli edifici realizzati per individuare le eventuali tendenze del costruito, piuttosto che testimoniare il profilo dei singoli progettisti. Per questo motivo si è deciso di pubblicare per ognuno di essi una sola opera, assunta come particolarmente significativa. Così, rispetto al programma iniziale, sono stati esclusi i progetti di concorso e le architetture di interni.

Nel primo caso, l'esclusione è stata dettata dalla constatazione che la proliferazione indiscriminata dello strumento concorsuale – vago ed incerto nelle formulazioni e nelle finalità quasi sempre puramente autopubblicitarie o trivialmente utopiche – sembra aver indotto nella maggioranza dei casi una progettazione inutile, velleitaria e narcisisticamente irrealistica, segnata frequentemente da un uso perverso e consumistico della storia, e, soprattutto, sostanzialmente alienata dalla pratica quotidiana della professione, rispetto alla quale si pone come una sorta di gratificante risarcimento.

Quanto alle architetture d'interni, esse sono risultate nella quasi totalità ripetitive, anonimamente risolte in termini di arredo, anziché di invenzione spaziale: anche questo a dispetto di una tradizione e di una consolidata fama del nostro paese come "land of good design".

È possibile, dunque, trarre un bilancio provvisorio, anche se parziale, sulle tendenze dell'architettura italiana, basandoci sui materiali pervenuti e parzialmente pubblicati?

Certo, l'orizzonte cronologico dell'almanacco, limitato com'è al passato biennio, appare troppo ristretto per una ricapitolazione a carattere complessivo: e questa, d'altra parte, compete più alla struttura di un libro che a quella di una pubblicazione periodica. Così come non bisognerebbe dimenticare – nella definizione generale del "quadro" – le osservazioni che sopra si facevano riguardo a quella preselezione promozionale adottata dai progettisti nell'invio dei loro materiali. Tuttavia, pur tra queste comprensibili limitazioni, non sembra azzardato reperire elementi sufficienti alla messa in luce di temi e problemi che interessano la struttura economico-organizzativa della professione e certi ricorrenti modi della sua formalizzazione espressiva. Una prima osservazione ha carattere geografico: gran parte dei materiali inviati proviene dalle regioni del nord e del centro, con netta prevalenza di Lombardia, Veneto, Emilia Romagna, Marche; quasi assente la Toscana, mentre il Lazio si esaurisce con una massiccia presenza di Roma. Rarefatte le presenze delle regioni meridionali, Campania inclusa; quasi assenti le isole. Il che, per chi conosca la concentrazione di nomi di prestigio e di architetti di qualità nelle aree meno rappresentate, fornisce ulteriori spunti di meditazione sulla realtà degli incarichi, sulla politica delle amministrazioni e degli enti statali, sulla disponibilità del "mercato" delle occasioni, soprattutto quelle pubbliche, nel circolo della professione. D'altra parte, però, il profilo professionale dei progettisti risulta sostanzialmente omogeneo. Si tratta nella quasi totalità di architetti e ingegneri che, indipendentemente dalla fascia generazionale e dal luogo (nord/sud, provincia/città ecc.) esercitano la loro professione entro modelli tradizionali, con incarichi di piccola e media scala, dalla casa unifamiliare all'ampliamento di un cimitero. I loro studi hanno ancora, tutto sommato, un carattere "artigianale", omogeneo alla dimensione operativa dei temi progettuali affrontati. Espressione di una cultura mediamente diffusa a saturare quel gap che in passato caratterizzava il professionismo dall'architettura "colta", questa "fascia" progettuale sembra credere nei valori espressivi e rappresentativi del "mestiere", spesso percorso da leggeri fremiti di sperimentazioni entro una dimensione di moderata modernità, talora al limite di uno sbocco verso esiti originali, cioè di effetti bizzarri o sorprendenti. Si tratta, insomma, di una aurea medietas che assorbe, rimastica e riverbera un incrociarsi di lessici e di idioletti variamente desunti dalla koiné dell'informazione di settore, così come appare miscelata, veicolata e proposta su scala nazionale da quei formidabili strumenti di omogeneizzazione che sono le riviste d'architettura. Questa categoria di professionisti di medio e buon livello è generalmente esclusa dai "grandi progetti", gestiti anonimamente dalle imprese pubbliche e private; pertanto la sola loro opportunità di confrontarsi con temi progettuali a grande scala o di rilevante valore rappresentativo è costituita da quei

"concorsi di idee" o di pseudoutopie, della cui funzione consolatoria e di riparazione all'inizio si diceva.
Risultano particolarmente assenti le tracce di quelle imprese edificatorie quantitativamente rilevantissime (dal centro direzionale di Napoli ai nuovi complessi universitari; dai tribunali ai centri della ricostruzione in Campania; dai centri commerciali roboantemente pubblicizzati ai quartieri residenziali "a scala umana" ampiamente diffusi nelle espansioni periferiche delle grandi metropoli del nord) che, tramite l'istituto della "concessione" e quello dell'urbanistica "contrattata", rappresentano l'innovazione più significativa in campo edilizio del decennio appena concluso.
Naturalmente non è forse superfluo sottolineare che questi grandi complessi sono generalmente assenti anche dalle pagine delle riviste specializzate, con l'ovvia eccezione di quelle di specifico settore costruttivo o magari sponsorizzate dalle imprese stesse. Che la quasi totalità di queste iniziative si ponga obiettivi meramente economici e funzionali, relegando la qualità architettonica nel rango delle funzioni trascurabili, è stato già detto. E tuttavia non si può fare a meno di eluderne gli effetti da un più generale osservatorio critico sulla costruzione dell'ambiente: è possibile invertire la tendenza in atto? E quale strategia adottare per tradurre queste grandi occasioni in opportunità di crescita qualitativa delle città e di ricerca dell'architettura?
Si tratta, a ben vedere, di una riflessione che implica come suo immediato corollario la necessità di rimeditare radicalmente il ruolo degli ordini professionali. Appiattiti su mediocrissime pratiche di bassa burocrazia, essi risultano incapaci di elaborare strategie e programmi a respiro regionale e nazionale per la salvaguardia e la promozione di una nuova qualità nel progetto e nella costruzione dell'architettura. Incapaci di trasferire la rilevanza numerica degli iscritti in una reale forza di pressione politica e di orientamento culturale per i consorzi delle imprese di costruzione e per le industrie edilizie del parastato, che si aggiudicano immancabilmente i vasti progetti della committenza pubblica.
Un problema di qualità si pone anche in relazione all'arte del costruire, nel senso che a una qualità progettuale mediamente dignitosa, corrisponde troppo spesso una costruzione sciatta, trascurata, letteralmente insipiente. Le cause del fenomeno sono, al solito, molteplici e non è questa la sede per indagarle: una buona normativa che vincoli reciprocamente progettista e costruttore a garantire la qualità fisica dell'edificio può costituire un primo e non trascurabile rimedio. Anche in questo caso va sottolineata la responsabilità che protrebbero avere gli ordini, in collaborazione con le sedi della formazione universitaria e professionale, nella promozione di provvedimenti legislativi e di cambiamenti di mentalità.
Questa considerazione fa emergere una serie di interrogativi che riguardano la potenzialità determinante delle leggi e della normativa: valga per tutti il caso dei cimiteri, così come suggerisce la lettura dello stesso almanacco. A seguito del decreto n. 805 dell'ottobre 1975, relativo alla costruzione dei cimiteri e ai piani ad essi relativi, divenuto nei fatti operativo alla fine degli anni settanta, si è verificata, soprattutto nei piccoli comuni e ad opera di giovani professionisti, una intensa e qualificata edificazione di nuove strutture cimiteriali, ampiamente testimoniata nella successione di queste pagine.
Un'ulteriore serie di considerazioni vorremmo, infine, proporre a proposito di quel versante "linguistico" che volutamente abbiamo tenuto per ultimo nell'individuazione dei tanti profili del mestiere dell'architetto. Qui ci limiteremo ad indicare qualche spunto di riflessione su taluni fenomeni particolarmente vistosi, come l'adozione di un atteggiamento sostanzialmente eclettico nella scelta dei referenti progettuali o la definitiva scomparsa di quel regionalismo che pure, solo qualche anno fa, veniva da qualche critico avanzato come una possibile chiave di lettura della ricerca architettonica internazionale.
All'epoca del trionfo dell'eclettismo storico, ogni architetto adottava l'uno o l'altro stile come criterio di pertinenza a specifiche tipologie tematiche.
Analogamente oggi assistiamo a una categorizzazione di modi linguistici desunti dall'esempio di protagonisti d'eccezione in modo da costituire un repertorio stilistico adeguatamente "moderno" e aggiornato al gusto corrente. Così, ad esempio, le case unifamiliari si ispirano alle analoghe opere di Mario Botta; le case a schiera ricalcano i più severi moduli di Aldo Rossi; mentre la ricercatezza materica e l'affinamento del dettaglio di Carlo Scarpa riaffiorano nell'ordinamento dei giardini, nelle cappelle funerarie, nelle sistemazioni di interni.
Talvolta poi non è infrequente il caso di un eclettismo, per così dire, spinto entro le singole costituenti di uno stesso edificio, quasi che questo fosse il risultato di un montaggio di citazioni o di omaggi d'après.
La suddivisione per temi moltiplica i riferimenti rompendo l'unitarietà dell'opera e ponendo non facili problemi di lettura dell'oggetto architettonico sempre più difficile da richiudere entro la tradizionale sintesi del suo sistema rappresentativo.
La ripoduzione fotografica risulta così insufficiente davanti a una costruzione che allinea fronti, interni, particolari distributivi come repertori disponibili agli

usi più diversificati. Come nei montaggi cinematografici si assiste a un distacco tra forma e funzione, nel senso appunto che certe particolari soluzioni figurative appaiono letteralmente tratte dai vocabolari dei prototipi e da lì trasferite entro il nuovo contesto dell'opera da realizzare. Esistono, a tale proposito, delle vere e proprie "figure" architettoniche cui i progettisti sembrano attribuire valore emblematico e perciò ricorrente: il tema della galleria, ad esempio, come attributo del centro commerciale o il ricorso a pochi segni di vistosità costruttiva con cui caratterizzare il resto di un'edificazione altrimenti risolta nei limiti di una tipologia corrente. Dal tipo, insomma, allo stereotipo si potrebbe definire questo percorso che preferisce l'assunzione del modello tout court al ripensamento critico della sua portata. Tra opere maggiori e isolati expoits alla moda si viene a definire un flusso omogeneo di referenti, deprivati di ogni iniziale problematicità e ridotti al rango di pure spoglie formali. Lo stesso discorso può essere utilizzato anche in riferimento ai materiali e alle tecniche di costruzione, che vedono, ad esempio, il frequente ricorso al mattone a vista ogni volta che si vuole sottolineare il carattere "fatto a mano" del progetto e la sua aura di artigianalità. Mentre non sembra che le nuove tecniche abbiano prodotto espressività rinnovate, il "camuffamento" del nuovo sotto le spoglie del tradizionale finisce col corrispondere a una ideologia delle "medietà" che rifiuta il nuovo per il nuovo e si mostra disponibile al compromesso tra l'attuale e il tradizionale.

A un'architettura delle differenze si è sostituita un'architettura delle coesistenze, una sorta di koinè egualmente distribuita al nord e al sud, nei grossi centri urbani e nelle aree periferiche, favorita anche dall'analogia dei contesti maggiormente offerti alle opportunità dell'edificazione. Paradossalmente per un'epoca che ha mostrato di credere al cosiddetto "contestualismo" come a un'invenzione e a una panacea ambientale di questi tempi "postmoderni", il riferimento alla realtà storica ed ambientale del paesaggio ha sostituito la lettura critica dell'hic et nunc con l'analogia vaga ed indefinita a contesti puramente immaginati. La sostituzione del tipo con lo stereotipo di cui dianzi si diceva appare il logico corollario di questo sguardo distratto al proprio intorno: intorno specifico sostituito da quell'intorno generico fornito dal sistema dell'informazione che rende tutto compresente sulle pagine delle riviste e quindi omogeneo e disponibile allo stesso grado.

Tra le letture possibili, si avanza quella che vede scalzato il rapporto maieutico, personalizzato, da bottega d'arte o da atelier, che ha caratterizzato l'insegnamento universitario e l'apprendistato professionale fino alle soglie degli anni settanta. Insegnamento che presupponeva la presenza di maestri prestigiosi e indiscussi: cui corrispondevano specularmente allievi e scuole di tendenza, all'interno delle quali linguaggi e ideologie, etica ed estetica si intrecciavano inestricabilmente. L'attuale grande affluenza agli studi universitari ha reso di fatto impraticabile quella struttura culturale e sociale senza peraltro sostituirla con modelli alternativi. Alla generazione dei maestri si è sostituita una "generazione dell'incertezza", giusta la definizione di un celebre saggio sull'architettura italiana curato dalla scuola di Venezia per "L'Architecture d'aujourd'hui", che si è trovata a dialogare criticamente più attraverso le pagine delle riviste che nelle aule troppo affollate o agitate delle università. La straordinaria diffusione e la progressiva fioritura di una pubblicistica specializzata nazionale e locale ha compiuto l'opera di informazione persuasivamente spersonalizzata in misura proporzionale alla sua estensione. All'immagine della rivista come contenitore di tendenze ha finito così col corrispondere l'approccio ai temi del progetto come ambivalente scelta di comodo tra repertori. L'abbandono – o l'obsolescenza – del manuale ha creato lo spazio per l'insediamento delle riviste come riverberatori potenti di mode, di voghe, di maniere. Così come l'unificazione linguistica degli italiani appare compiuta più sotto il segno dei mass media che sotto quello della letteratura colta, l'omogeneizzazione dei linguaggi costruttivi è realtà corrispondente al grado comune fornito dalla pubblicistica. La profondità è sostituita dalla estensione, la ricerca di picchi espressivi dal raggiungimento di una "langue" condivisibile sotto ogni latitudine. Il che, naturalmente, se produce gli effetti di perdita d'intensità appena lamentati, si traduce tuttavia anche in quel realtivo innalzamento della qualità media prima salutato come un dato positivo dell'attuale panorama.

Come si vede, si aprono davanti a noi domande cui è difficile fornire risposte affrettate o di comodo, ma che anzi stimolano ad ulteriori approfondimenti che le prossime edizioni dell'almanacco si propongono sin da ora di indagare ed esporre con chiarezza ed efficacia. Come clausola conclusiva sia consentita allora una lieve parafrasi di John Ruskin, quando in *La lampada del sacrificio e la lampada della verità*, scrive: "Può darsi che non siamo capaci di far nascere a comando un'architettura buona, o bella, o inventiva, ma possiamo tentare di imporre un'architettura onesta."

Architettura delle istituzioni e dei luoghi sociali

Marcella Aprile,
Roberto Collovà,
Teresa La Rocca

con Ettore Tocco, Valentina Acierno, Alessandro D'Amico, Stefano Marina, L. Raspanti, Lorenzo Salone

Consolidamento, restauro e ricostruzione delle case Di Stefano a Gibellina (Trapani)

Questo progetto affronta, attraverso una particolare occasione, il problema degli insediamenti danneggiati dal terremoto, ancor prima dal tempo e indirettamente dalle trasformazioni strutturali di un territorio (in questo caso la valle del Belice). Si trattava di recuperare un "baglio", in origine una fattoria fortificata per resistere agli attacchi della pirateria, in seguito centro e controllo dei feudi. Il terremoto non fa che accelerare un'opera comunque destinata a compiersi dal momento che la masseria perde il suo territorio e tutto il complesso delle attività cui aveva fatto da centro.

Il baglio in questione è noto come case Di Stefano dal nome degli ultimi proprietari. Il comune di Gibellina lo ritrova come unica preesistenza nel sito concessogli dopo il terremoto, per la rifondazione della città e decide di recuperarlo ipotizzando, a quel tempo, una generica destinazione a centro culturale.

Al momento dell'incarico erano già passati tredici anni dal terremoto, delle case Di Stefano gli elementi sopravvissuti erano scarsi; la distruzione quasi totale. Ci fu d'aiuto un libro, *La casa rurale nella Sicilia Occidentale* (CNR), dal quale ricavammo una serie di conoscenze sugli elementi tipici di queste masserie che imparammo a riconoscere tra le rovine; altri elementi li ricavammo dalle "nostalgie" degli ex proprietari: disegni a memoria (di Francesco Agnello) del baglio e della sua collocazione nel sito, che pur non rappresentando una ricostruzione obiettiva, ci diedero chiare informazioni sull'insediamento e le relazioni tra le parti. Da questi elementi e dal rilievo di ciò che restava tentammo una ricostruzione di quel che doveva essere in particolare questo baglio: una masseria a doppia corte adagiata su un terreno in forte pendio; il lato a monte era chiuso interamente dal grande magazzino del grano (l'unico degli edifici che aveva resistito alla distruzione); a valle, in posizione parallela, magazzini, uffici e la torretta d'ingresso; la casa padronale separava le due corti definendone il carattere: quella bassa, privata, l'altra a monte più strettamente legata all'attività agricola con pozzo e "pinnata" (tettoia) e un ingresso laterale per i carri, anch'esso vigilato da una torretta; trasversalmente e degradanti, vari locali per uso agricolo e la residenza del personale fisso; separato, ma contiguo, il giardino ornamentale.

Gli elementi di trasformazione che il progetto induce nel complesso delle case Di Stefano sono, in un certo senso, prelevati dalla comprensione del suo principio insediativo. L'idea di un recinto ottenuto dall'accostamento di edifici diversi, la gerarchia tra gli edifici, la sequenza degli spazi aperti vengono ricomposte dalla introduzione di un nuovo sistema di attraversamento: una strada posta lungo il lato nord-ovest che sostituisce il vecchio accesso e diventa l'elemento ordinatore degli edifici vecchi, recuperati e dei nuovi, ricostruiti. La strada attribuisce un valore urbano agli edifici e agli spazi che vi si affacciano, e questo va a rafforzare la nuova funzione pubblica del complesso.

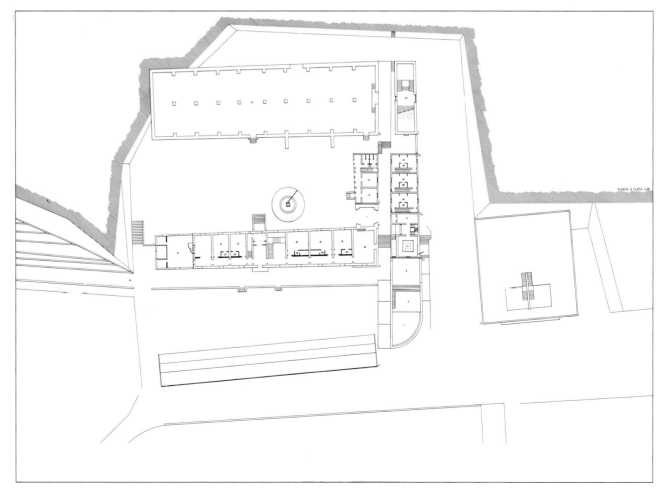

Pianta a quota + 400.

Sezioni e prospetti dell'intervento.

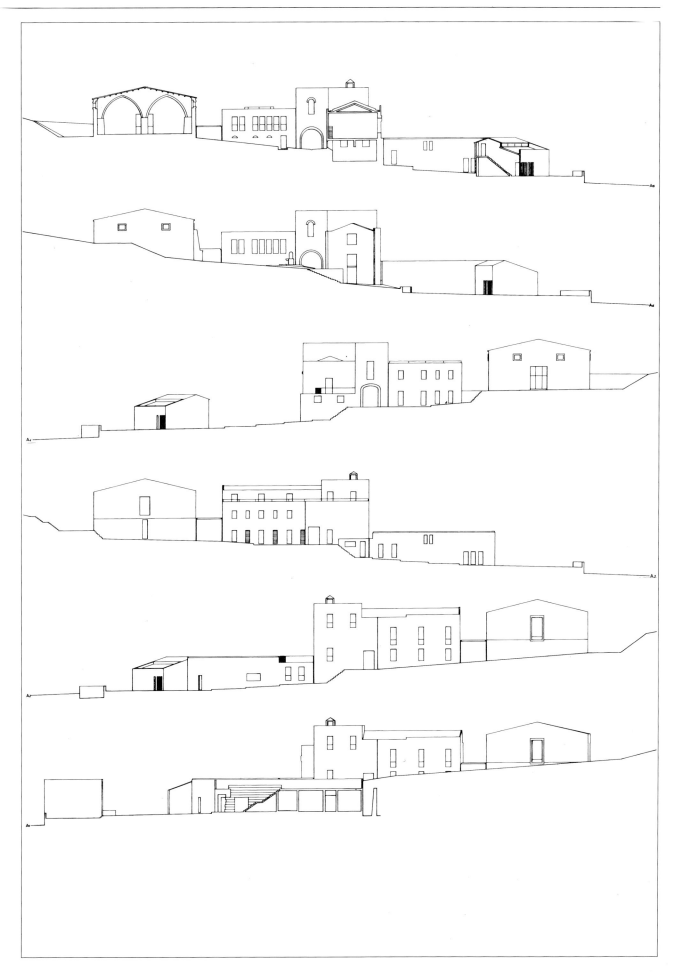

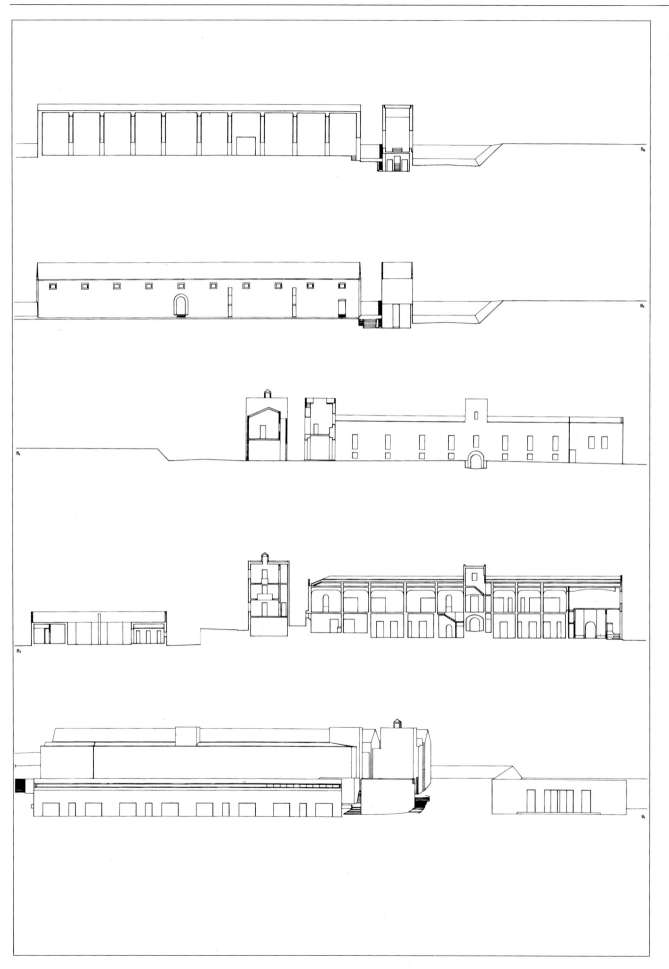

Vedute dei fronti esterni e interni alla corte.

a pagina 16
Veduta della corte interna.

Ascarelli, Macciocchi, Nicolao & Parisio

con Biancardi, Urzì
consulente: De Mattia

Il giardino di piazza Dante a Roma

Il progetto è stato redatto con l'intento di riqualificare una delle piazze romane di impianto ottocentesco la cui grande valenza ambientale è stata fortemente compromessa da alcune funzioni ivi allocate nel periodo bellico e da recenti fenomeni di degrado.
L'occasione dell'installazione sotterranea di due cabine dell'Enel localizzate nelle residue porzioni del sedime centrale della piazza, finora libere da vincoli tecnologici e/o impiantistici, ha consentito l'avvio di una operazione di recupero delle qualità ambientali attraverso un progetto di ricomposizione generale delle emergenze a suo tempo realizzate – quali il bunker ora utilizzato ad archivio – e quelle previste dalla esecuzione degli impianti Enel.
Il progetto prevede, anche ai fini della prevenzione, vigilanza e tutela della sicurezza degli spazi pubblici e in particolare quelli – come in questo caso – direttamente connessi alla residenza, un sistema di chiusura dello spazio centrale, nonché di accesso regolato agli impianti sotterranei. Questo viene attuato attraverso la riproposizione di una cancellata studiata sui modelli linguistici ottocenteschi e variamente articolata a seconda dell'altimetria del terreno o dei volumi emergenti ineliminabili.
Detta cancellata prevede accessi per ciascun lato del giardino centrale, nonché ingressi suppletivi per la manutenzione e ispezione delle attrezzature sotterranee.
Il disegno generale del giardino è stato perciò composto su impianto radiale, che tiene conto del posizionamento degli accessi alle diverse quote del sedime stradale corrispondente, mediandoli attraverso opportuni camminamenti con scale, gradinate e rampe. Il disegno richiama, emblematicamente, la struttura a stella della "rosa dei venti" che evidenzia l'orientamento astronomico dei siti. In tale schema sono organizzate le aree interne con spazi pedonali, sedili o gradoni e zone verdi diversamente trattate a seconda dell'esposizione e delle possibilità di crescita delle essenze vegetali. I percorsi lineari che costituiscono i raggi della stella sono rivestiti in mattoni di cotto alla romana con bordure di travertino, così come nella tradizione del luogo. Tale rivestimento a carattere misto si ripete sui volumi esistenti, conformandone architettonicamente i contorni con le sagomature pregiate e di forte spessore del travertino e con modanature e bugne. Alle estremità della stella, ampie e ombreggiate zone di sosta, ugualmente lastricate e in travertino, si articolano su più livelli mediante gradini, permettendo visuali trasversali sulla piazza e sull'ambiente circostante. Il disegno dell'acqua, articolato in polle, zampilli, percorsi e cascatelle si ispira all'idea di "vivibilità gradevole" che informa tutto il progetto.

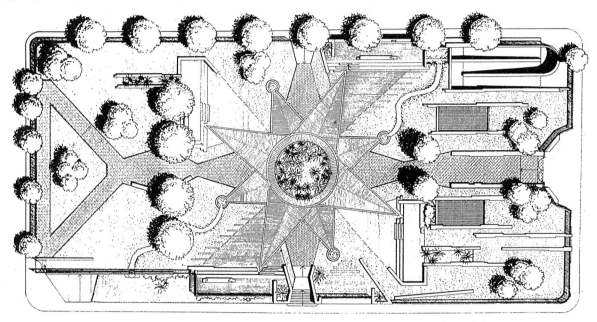

Planimetria generale, vedute aerea e della gradinata.

Aldo Aymonino,
Claudio Baldisserri,
Lorenzo Sarti

Teatro all'aperto e autosilo a Brisighella (Reggio Emilia)

L'oggetto dell'appalto concorso era la pavimentazione della piazza e delle vie principali e la progettazione di un parcheggio pubblico all'ingresso del paese. Il bando, peraltro, lasciava genericamente liberi i concorrenti di fare proposte di "arredo urbano" nel centro storico. La nostra proposta si è sviluppata su due linee complementari. Da un lato interventi di arredo semplici (pavimentazione, elementi di bordo, illuminazione), dall'altro un paio di proposte costruite: un autosilo e un teatro all'aperto.
Per le lastricature sono stati proposti ciottoli di fiume alla "pesarese" bordati da lastre rettangolari di porfido disposti secondo un disegno geometrico.
È stata scelta questa forma, precisa e semplice, per non contraddire e "disturbare" i fronti stradali che presentano un andamento disomogeneo e variamente trattato. L'arredo da noi proposto doveva rendere più evidente e comprensibile la forma complessiva di questa parte di città facilitandone le possibilità d'uso. L'autosilo veniva proposto come una variante del semplice parcheggio a livello del terreno. Questa estensione rispetto al dettato del bando tendeva a dare una risposta a richieste espresse da una fascia di cittadini del centro storico e al contempo predisporre alternative d'uso (commerciale e artigianale) per alcuni spazi al piano terra della via principale, attualmente utilizzati come garage.
L'inserimento del teatro all'aperto è stato proposto per definire e completare una forma urbana articolata e complessa che trovava nel luogo prescelto per l'intervento il suo punto di maggior incompletezza.
Lungo la via Spada che dal centro si inerpica verso il sagrato di due chiese frontistanti la minuscola piazza San Francesco, vi era infatti uno squarcio, uno spazio di risulta: ciò che rimaneva di un luogo che, dalla demolizione delle case, che senza dubbio qui costituivano il completamento del fronte edilizio, era stato usato, nel migliore dei casi, come parcheggio precario all'aperto.
Brisighella è il tipico centro collinare la cui vocazione turistica è alimentata da oltre cent'anni dalle fonti termali e che ha sviluppato di conseguenza una tradizione tutta sua di spettacoli ed intrattenimenti legati alla sua storia.
Ciò che contraddistingue questo paese dai tanti altri esempi di città medioevali è che le sue strade "entrano" negli edifici: archi, volte, sottopassi e, soprattutto, la cosiddetta "strada degli asini". Questa è parallela alla via principale, e anzi le si affaccia sopra, al secondo piano di un lungo fabbricato a schiera, costituendo un porticato sopraelevato (quasi un ballatoio urbano) su cui si aprono gli ingressi delle abitazioni o delle botteghe.
L'idea del teatro all'aperto nasce quindi dalla cultura del luogo, ma la novità della proposta trova un aggancio determinante con la morfologia del sito, in quanto il teatro stesso costituisce, quando non è usato come tale, il punto di saldatura di una rete di percorsi che sul retro delle case, verso monte, si snoda lungo le pendici sovrastanti il paese, collegando il centro abitato con le due emergenze collinari della torre dell'Orologio e della rocca.
Così il nuovo percorso "entra" nel teatro e la scena diventa piazza.
Il teatro è stato poi disassato rispetto a quello che sembrava la scena di più immediata percezione: i contrafforti, le pendici rocciose, il castello.
Abbiamo pensato che l'orientamento ideale fosse verso le chiese ed il sagrato posto in fondo a via Spada. Esso è sicuramente più suggestivo e, tutto sommato, più naturale in quanto il complesso religioso diventa così scenario permanente del teatro-piazza.
Il teatro, per il quale era previsto un rivestimento in pietra naturale bianca, è per ora in cemento armato a vista con pareti di contenimento intonacate e colorate in giallo cromo.
La scena è pavimentata in cubetti di porfido e lastre di pietra naturale bianca.

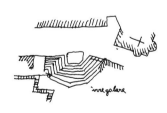

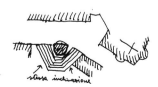

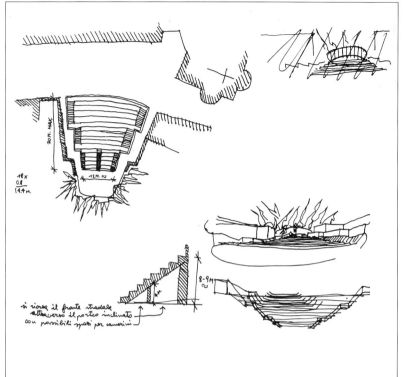

Schizzi preliminari e veduta aerea.
Disegni di studio e veduta del teatrino.

Giuseppe Barbieri,
Adalberto Del Bo,
Carlo A. Manzo,
Raffaele Mennella

Centro sportivo dell'università G. D'Annunzio a Chieti

L'area scelta per l'intervento coincide con quella individuata per gli insediamenti sportivi nel progetto di massima delle nuove sedi del rettorato e delle facoltà chietine da noi precedentemente elaborato.

La sistemazione proposta in quel progetto ha necessariamente costituito il riferimento generale del lavoro qui presentato.

In particolare la immediata prossimità dell'ingresso principale della zona universitaria e la vicinanza alla casa dello studente rendono l'area scelta del tutto adeguata alla destinazione sportiva, legata da un lato all'uso diretto da parte degli atleti-studenti, dall'altra all'uso e alla partecipazione di atleti esterni e del pubblico.

Il terreno, disposto su due ampi terrazzamenti, si estende in declivio tra via dei Vestini, l'attuale area del parcheggio della facoltà di medicina, e la casa dello studente. Il salto di quota tra il parcheggio previsto e il terrazzamento all'ingresso dell'impianto sportivo è segnato da un canaletto di raccolta delle acque; tra questo limite, evidenziato da una fitta alberatura di querce, e la strada di servizio della casa dello studente viene posizionato il nuovo centro sportivo.

Lo schema dell'impianto individuato è tale che i campi da gioco – disposti paralleli sulle rispettive quote del terreno – si accostano a pettine a un corpo edilizio stretto, alla sommità del quale un loggiato scoperto e pergolato collega il piano dei parcheggi agli spalti del pubblico: un percorso in quota che è anche luogo di osservazione sui campi sportivi da un lato e sulla valle del nuovo campus dall'altro lato.

La quota alta del muro recinge il volume della palestra sui lati esterni; a questi si appoggia la copertura metallica a sbalzo che ripara le gradinate del tennis. I pilastri, disposti al centro delle tribune, separano i settori del pubblico della palestra e del tennis.

Un grande serramento vetrato chiude il volume della parte coperta. Gli spogliatoi della palestra sono collocati sotto le terrazze che delimitano le gradinate e hanno accesso sia dalla scala posta sul loggiato che da ingressi situati alla base del muro e sul lato di via dei Vestini. Quest'ultimo è disposto alla quota della palestra così da consentire un comodo accesso alle persone handicappate, per le quali è stato previsto un parcheggio riservato.

I servizi igienici degli spettatori, collegati direttamente alle tribune, sono collocati in un piccolo edificio esterno, al di sopra della centrale termica.

Gli spogliatoi dei tennis sono posti nel corpo stretto e sono costituiti da quattro unità così da consentire un uso plurimo a breve, e in prospettiva dell'ampliamento del numero dei campi da gioco.

L'accesso ai tennis è previsto attraverso il percorso loggiato nella zona prossima al parcheggio.

La dimensione e l'orientamento dei campi da gioco, nonché la distribuzione e il dimensionamento dei servizi si attengono alle normative Coni, così come sono state rispettate le vigenti norme di sicurezza per la costruzione e l'esercizio di impianti sportivi del decreto 10 settembre 1986.

La capienza massima di pubblico nell'impianto al coperto è di 150 posti; quella della tribuna coperta del tennis è di 160 posti mentre la piccola tribuna est può ospitare circa 125 spettatori. Le dimensioni della palestra consentono lo svolgimento di numerose discipline agonistiche.

Le pareti esterne dell'intero complesso sono in muratura di mattoni a vista; la copertura della palestra in struttura metallica verniciata.

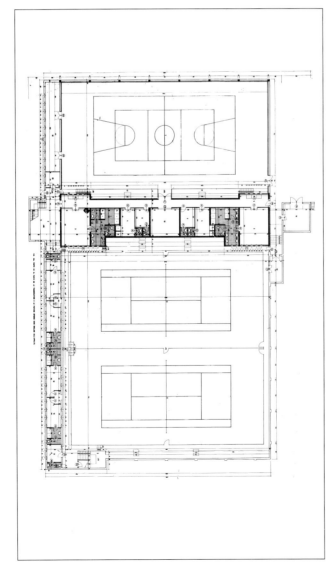
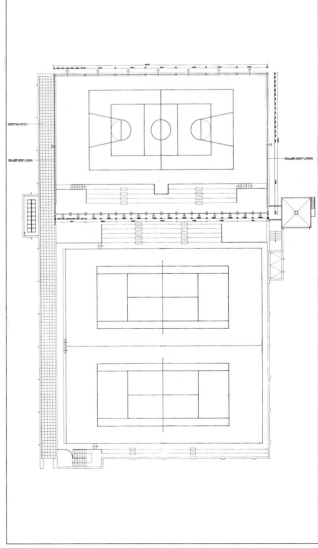

Piante ai due livelli, prospettiva dell'ingresso e fronti laterali.

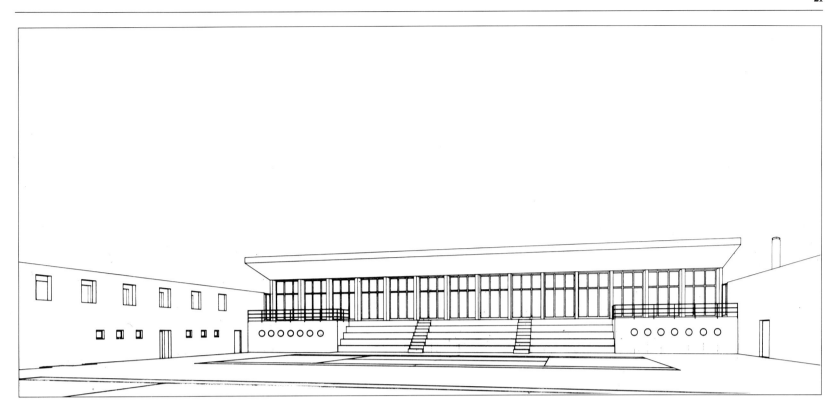

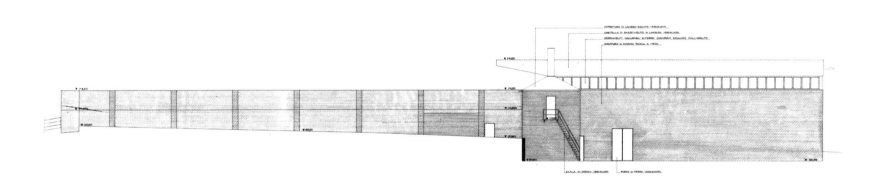

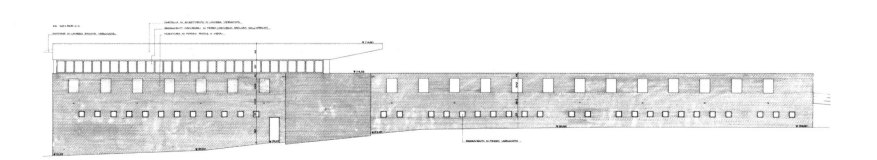

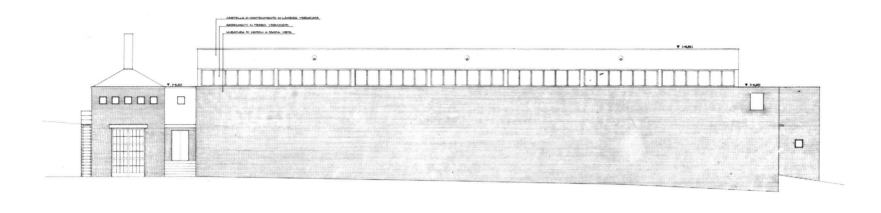
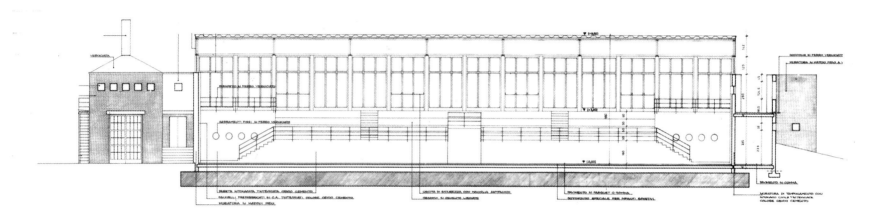
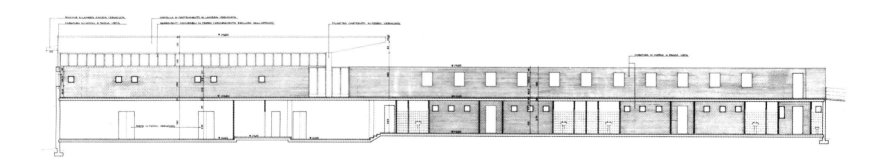
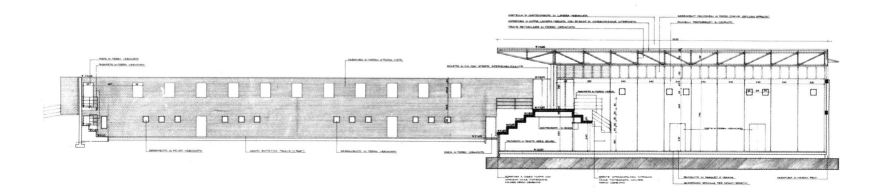

Prospetto del retro, sezioni trasversale e longitudinali. Scorci dell'edificio della palestra e veduta aerea dell'intervento.

Salvatore Bisogni

consulente: Vincenzo Fabbrocino

Edificio scolastico a Soccavo di Napoli

Il progetto muove dall'intento di comporre unitariamente le tre parti fondamentali alle quali è sostanzialmente riconducibile un manufatto scolastico di tale importanza: gli uffici, i locali per la didattica quelli per le attività, sportive e parascolastiche. Nel progetto, queste tre parti equivalgono a una precisa successione della collocazione dei corpi di fabbrica, e in tal senso si intende descriverli anche nel loro funzionamento.

Tale successione inizia dall'interno dell'isolato (costituito da edilizia residenziale) e termina nella nuova strada prevista dal piano. Si hanno così prima i corpi bassi degli uffici comprendenti i locali di segreteria e di presidenza, nonché quelli per la biblioteca, per la mensa e per la casa del custode. I corpi degli uffici nella suddetta successione incontrano frontalmente i volumi costituenti le unità didattiche normali e speciali. Questi, allineandosi in parte agli edifici residenziali esistenti, sono caratterizzati dalla presenza delle due torri scala che introducono alla successiva piazzetta interna. Il blocco delle palestre-aula magna, che fronteggia l'erigendo nuovo centro civico, conclude nella sua autonoma articolazione il manufatto scolastico.

Nel suo futuro funzionamento la scuola potrà usufruire dei due successivi ingressi rispetto ai quali i corpi delle aule risultano in posizione baricentrica e orientati in modo ottimale.

Detti ingressi sono differenziati nei rispettivi caratteri: un lieve porticato (gli uffici) definisce l'ingresso interno al settore a corte, una consistente massa costituita dall'aula magna e dalle palestre e relativi servizi definisce l'ingresso coperto verso la nuova strada di piano.

Le tre parti del progetto sono a loro volta costituite da elementi architettonici definiti.

I porticati degli uffici fissano la maglia modulare dei locali interni, unitamente alla scansione delle aperture.

Le torri scala assieme all'atrio del piano terra della scuola misurano, comprendendoli, i due corpi delle aule normali e di quelle speciali.

I corpi delle aule sono caratterizzati nei due lati lunghi (est e ovest) da facciate continue nelle quali si aprono, per le aule, ampie finestre quadrate e, per il corridoio, finestre rettangolari sufficienti ad illuminare e a rendere possibile l'osservazione dell'ambiente circostante: la vista del centro civile e del paesaggio dei Camaldoli.

La piazzetta interna lastricata, proponendosi come luogo più interno della vita scolastica, è circondata dai due corpi stereometrici dei percorsi orizzontali e dei servizi, nonché dalla massa dell'aula magna e delle torri-scala, richiamando così, per allusione, il ruolo di centralità del luogo collettivo per eccellenza della vita urbana.

La sovrapposizione degli elementi costituiti dall'aula magna e dalle palestre determina uno spazio libero coperto, un vero e proprio vestibolo rivolto verso la nuova strada di piano, che si confronta con le coperture degli spogliatoi, dei bagni delle palestre e delle stesse palestre che formano le quattro grandi terrazze su cui si affaccia l'aula magna, verso il centro del quartiere.

Il volume dell'aula magna, ancor più sottolineato dalla volta centinata, definisce attraverso il suo carattere di grande luogo collettivo un nuovo rapporto con la vita quotidiana del quartiere.

Disegno prospettico d'insieme con l'inserimento dell'edificio scolastico.

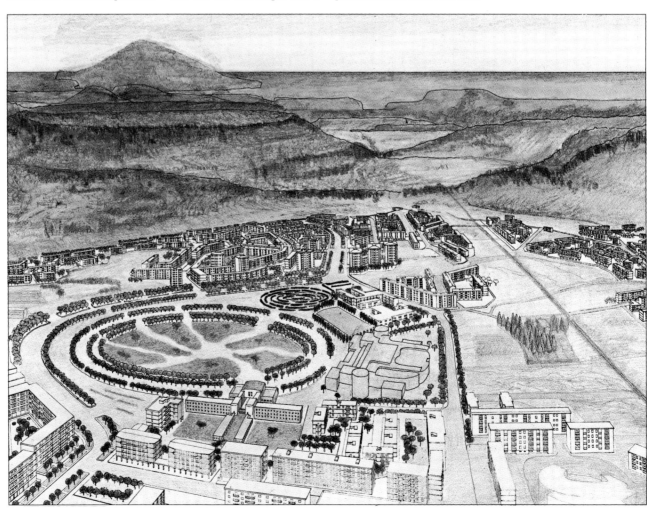

Piante ai due livelli e sezione trasversale sulla palestra.

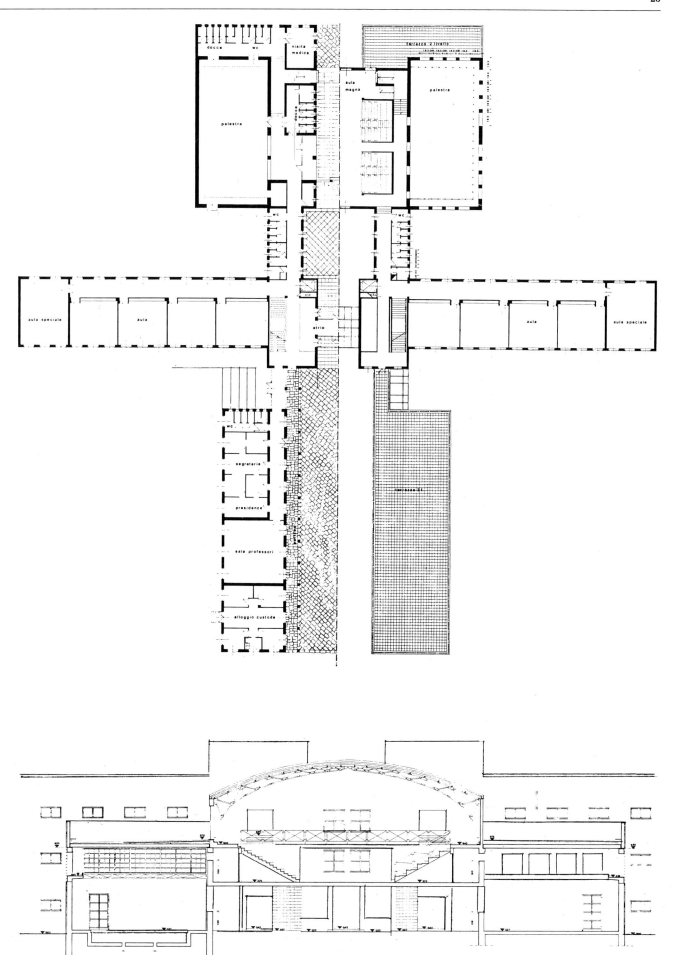

Vedute dei due fronti principali e dettagli dell'interno e dell'esterno.

Augusto Romano Burelli

con Paola Gennaro, Luigi Gambarino, Anna Gennaro

Chiesa e campanile di Sant'Elena Imperatrice a Montenars (Udine)

Un colle appartato in un paese di montagna, ai suoi piedi un torrente e sulla sua cima le reliquie di tre chiese una sopra l'altra, ricostruite sullo stesso sedime. La selvaggia natura e la storia oscura della chiesa animano il luogo di un profondo misticismo.

Il ricordo di un evento storico è la fonte di ispirazione: la distruzione del vicino castello dei Rawenstein per mano del cardinale di Alençon, fratello del re di Francia e nuovo patriarca d'Aquileia, dà alla chiesa di Sant'Elena potere giurisdizionale su tutta la valle. Da qui l'idea della chiesa-torre.

Un secondo interesse è all'origine di questo progetto: l'alterazione delle parti del tipo chiesa a navata, nella successione processionale nartece-nave-transetto-presbiterio-coro, quando alcune di esse mutano il loro valore spaziale e si pongono in conflitto con le altre. Se l'alterazione è sufficientemente profonda si giunge sino alla soglia in cui un tipo si converte in un altro.

In Sant'Elena l'esperienza seguita contrae il tipo a navata sino a mutarlo nel tipo a pianta centrale. Il coro che nella tradizione è il completamento di una grande nave – come nella vecchia Sant'Elena – si ingrandisce oltre misura innalzandosi. La nave si appoggia su di esso e il transetto di riduce a un breve intervallo tra le due parti. La lunghezza della nave si accorcia capovolgendosi nell'altezza dell'abside-torre, il percorso processionale si comprime sul coro trovando il suo punto di equilibrio nell'altare centrale.

Il conflitto nave-coro che provoca quasi la distruzione del transetto e l'ingigantimento dell'abside è il segno della deviazione dal tipo; il risultato potrebbe essere definito in modo letterario: il progetto di una chiesa-torre.

Per quanto riguarda il campanile preesistente è rimasta in piedi soltanto la parte basamentale in conci di pietra.

Il nuovo progetto lo pone alla base di una sorta di torre di avvistamento medievale, nello spirito della storia di Montenars che ha informato anche il progetto della piccola chiesa.

La torre si eleva per un'altezza di 14,40 metri, al colmo del tetto oltre la base esistente, con due setti prevalentemente chiusi orientati verso il paese. È una torre cava, costruita in getti di calcestruzzo armato, foderati da lastre di pietra piasentina.

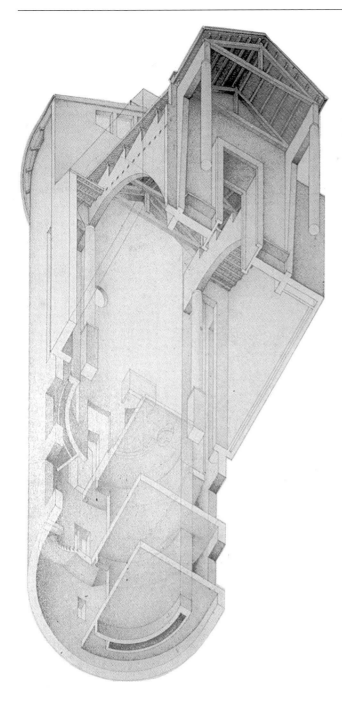
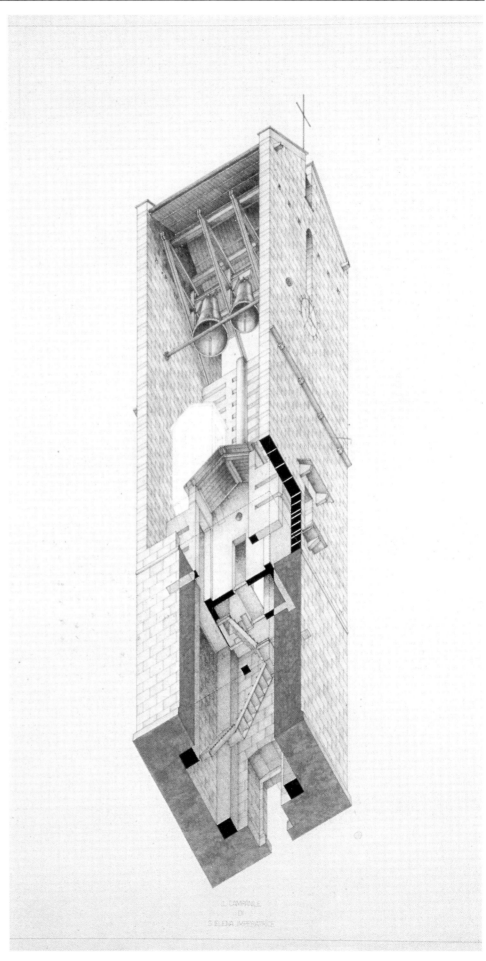

Piante e prospetti della chiesa e della torre campanaria, spaccati assonometrici.

Vedute del retro, dell'ingresso, dell'interno e del campanile.

Ida Candusso,
Marcello Mengucci,
Roberto Rossini

consulente: Giorgio Giorgi

Scuola materna del quartiere Capanna, Senigallia (Ancona)

L'impostazione concettuale che informa il progetto tende a sottolineare il ruolo emergente degli edifici pubblici rispetto al tessuto residenziale. Ne risulta un edificio dalla rigida organizzazione geometrica basata sui multipli del numero tre, che nega il tradizionale tipo edilizio a pianta centrale della scuola materna, con i servizi, la mensa e le aule riservate alle attività ordinate intorno a un grande spazio collettivo. Qui, invece, le componenti del programma edilizio (determinato dalla normativa sull'edilizia scolastica) ubbidiscono a un assemblaggio sul piano orizzontale che fa riferimento alla tripartizione del tipo a basilica teorizzato dalla trattatistica ottocentesca, dando luogo ad un organismo a sviluppo longitudinale, asimmetrico rispetto a questo stesso asse. Questa soluzione ben si adatta al perimetro trapezoidale del lotto assegnato per la costruzione.

Il portico posto all'ingresso dell'edificio funge da bordo del sistema di servizi generali (ambulatorio medico, ufficio dell'assistente, amministrazione e spogliatoi), inoltre, attraverso un disimpegno che serve poi a sottolineare la dilatazione spaziale dell'aula per le attività libere, dà accesso a una serie di ambienti quadrati riservati alle varie attività. Una grande vetrata curva perimetra, modulandolo, lo spazio per le attività libere. Fondale di quest'ultimo è il giardino d'inverno che costituisce un'interruzione della continuità del costruito. Lo spazio verde per l'educazione alla botanica è protetto e recintato da sottili diaframmi di vetro, la cui trasparenza consente di percorrere con lo sguardo l'intero asse longitudinale dell'edificio: dall'ingresso al volume semicircolare della mensa e dei servizi annessi che conclude lo sviluppo del manufatto con la propria eccezionalità geometrica.

Il disegno degli alzati ed i materiali impiegati per la costruzione (murature a vista e intonaco tinteggiato) commentano, rendendole più esplicite, le scelte operate in pianta.

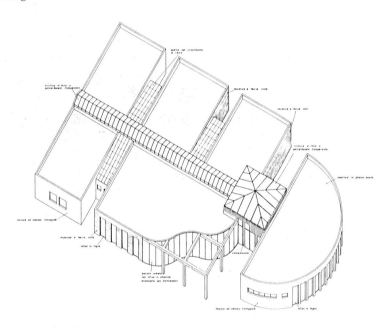

Assonometria generale e vedute del portico d'ingresso e di un lato del giardino d'inverno.

Guido Canella

con F. Clemente,
A. Sandroni, M. Ferrari
consulenti: A. Castiglioni,
G. Grandori

Palazzo di Giustizia di Ancona
Inizialmente l'incarico di progetto contemplava la demolizione del palazzo di Giustizia (costruito tra il 1878 e il 1884 nei modi di un umbratile revival neorinascimentale dall'ingegnere primario della provincia Alessandro Benedetti) e la sua sostituzione in luogo, dopo le lesioni riportate nel terremoto del 1972, con edificio nuovo di aumentata capacità.

Fu così che, dopo le obiezioni da parte dei progettisti (spintesi fino a provocare una temporanea revoca d'incarico), e anche per diretto interessamento dell'ente locale, venne accolta la loro proposta tesa a mantenere e restaurare l'involucro esterno originale come testimonianza di esclusivo rilievo storico-ambientale (dato lo scarso valore tipologico-architettonico) nel paesaggio composito risultato dall'espansione postunitaria della Spina dei corsi, e a inserire la piazza coperta ricavata al centro dell'edificio radicalmente ristrutturato nell'intrico dei flussi pedonali alternativi a quelli stradali: trasversali (dal campo delle Mostre al teatro Metropolitan) e longitudinali (dal mercato coperto a largo Santa Cosma).

L'impostazione di progetto, concettualmente unitaria, ha dato luogo così a due espressioni architettoniche: del passato e del presente, percepibili separatamente dall'esterno e dall'interno, evitando la contaminazione di cui spesso si fanno portatori gli adattamenti a rinnovate funzioni di edifici del passato.

La soluzione adottata, minimizzando gli ingombri fissi, si articola a partire da quattro torri angolari dislocate alle intersezioni interne dei quattro corpi di fabbrica. Da esse si estende ad albero un sistema di impalcati i cui terminali perimetrali sono sostenuti da una struttura verticale a diedri, che trapunta la muratura superstite consolidandola. Resa così indipendente, la struttura primaria consente una ripartizione di piani praticabili diversa da quella preesistente. Pertanto i vari piani, agganciati ma arretrati a risega dalla muratura di bordo, danno luogo all'intercapedine che circonda l'edificio per tutta l'altezza, mentre verso l'interno si estendono fino alle balconate sostenute da un sistema di quattro travi a traliccio alle quali sono appesi gli sbalzi protesi fino a delimitare l'invaso della piazza coperta interna.

Il sistema delle quattro travi a traliccio sostiene anche l'ombrello centrale di copertura, dotato di tamburo areabile, dove il lucernario risulta da lastre e da cupole in policarbonato, a doppia parete (interna trasparente, esterna in opalino traslucido). Il disegno secondo cui è disposto il porfido della pavimentazione della piazza interna riproduce, per proiezione verticale, quello dei cerchi del lucernario. Le torri svolgono funzioni multiple, contenendo le colonne verticali dei disimpegni, impianti, servizi e assolvendo alla funzione statica antisismica primaria.

Dal punto di vista funzionale si è ottenuta così una serie di piani pressoché liberi (con i soli vincoli delle torri angolari, delle quattro coppie dei pilastri rompitratta e dei tiranti di bordo di sostegno degli sbalzi), che consente una larga adattabilità distributiva. Mentre al piano seminterrato si trovano archivio e depositi, al piano terreno sono dislocate quelle funzioni a più diretto contatto col pubblico disimpegnate dalla piazza coperta interna accessibile dai quattro lati dell'edificio (a nord avvengono, rispettivamente, lo sbarco dei detenuti e l'accesso alle centrali tecnologiche allocate nel seminterrato).

I piani intermedi (dal primo al quarto), prolungando gli sbalzi delle balconate fino ad allinearli ai lati interni delle torri angolari, costruiscono quell'alternanza di pieni e vuoti che si affaccia sull'invaso centrale. Dal piano della piazza ai parapetti delle balconate si protende la sistemazione a verde. All'ultimo piano, dove sono dislocate le principali aule di udienza, tanto i tralicci perimetrali esistenti quanto quelli interni filtrano una ricca e articolata immissione di luce. A questo livello lo sbalzo aggetta ulteriormente per offrire più profondità ai disimpegni delle aule.

Sezione sulla piazza coperta.

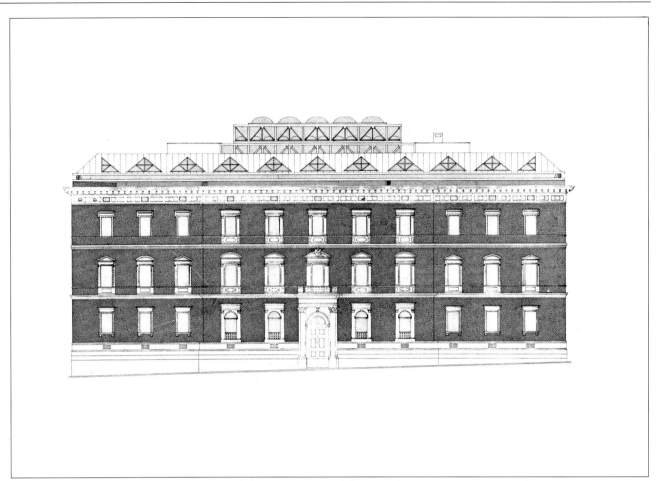
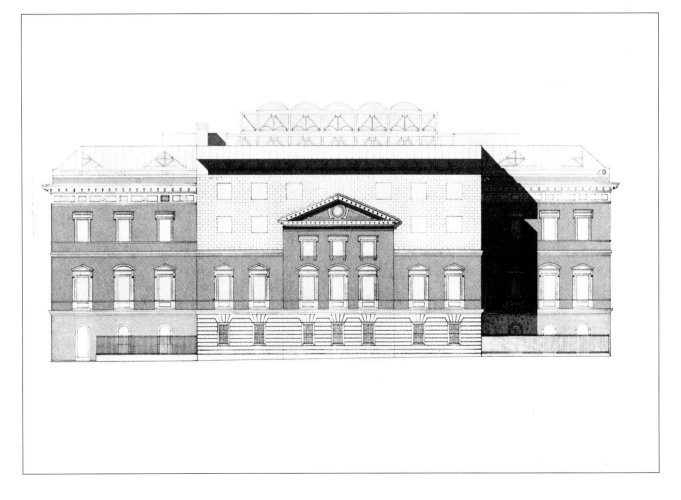

Pianta, fronti principali e spaccato assonometrico.

La piazza coperta e interno e esterno del soffitto a lucernari.

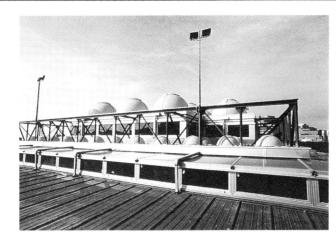

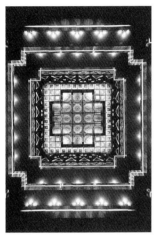

Maurizio Carones

Cappella funeraria nel cimitero di Luvinate (Varese)

Il progetto per questa cappella funeraria si confronta con il tema della tomba e del monumento in rapporto a quello della casa. Ogni piccola cappella, assumendo le forme della casa e riproponendole ridotte, deve confrontarsi con la questione dell'edificio in miniatura: il riferimento all'idea della casa e al suo prototipo introduce il complesso rapporto fra l'edificio stesso e l'idea cui si riferisce, rendendo difficile l'elaborazione del tema della monumentalità, dove l'elemento drammatico ricusa qualsiasi subalternità.

Una riduzione del tutto non può più essere monumento, ma lo può essere una parte. Il frammento, infatti, richiama, citandola, l'idea di monumentalità. Da questa tensione verso l'idea, dall'impossibilità di rappresentare il tutto pur evocandolo, dalla coscienza di ciò nasce l'emozione del monumento.

La cappella di Luvinate richiama l'idea della casa, e ne ripropone gli elementi di casa aperta, in cui alberga il ricordo dell'intero e la sua impossibilità a ricostituirsi. L'assenza del tetto, per esempio, in quanto per i morti il tetto è il cielo e le pareti, che sono muri per i loculi e la facciata, quinta isolata che, riprendendo i temi classici, è il luogo della rappresentazione e della decorazione. L'effetto finale è di un piccolo tempio in rovina.

Pianta, fronte, sezione e prospettiva generale.
Vedute del fronte d'ingresso e di quello laterale.

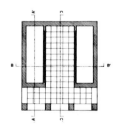
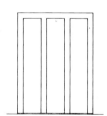
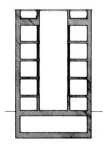

Ettore Dimauro,
Vincenzo Duminuco,
Giovanni Gruttadauria,
Ugo Rosa

con Silvia Occhipinti

Centro sociale a Montedoro (Caltanissetta)

Troviamo non poche difficoltà a descrivere questo centro sociale dal punto di vista delle funzioni. Si tratta infatti di un progetto quasi del tutto privo di indicazioni funzionali attendibili. La committenza (l'amministrazione comunale di un piccolo paese della provincia di Caltanissetta con poco più di mille abitanti) voleva disporre di alcuni locali da destinare ad attività imprecisate ma sicuramente plurime e, soprattutto, mutevoli nel tempo. Il progetto si articola in quattro corpi, due collegati tra loro e gli altri due del tutto indipendenti. Al primo livello dei due corpi uniti (ma snodati, a racchiudere una piazzetta lievemente più alta rispetto al cortile, e di forma quasi quadrata) dovrebbe essere ubicato un caffè-ristorante collegato internamente a un lungo ambiente rettangolare vetrato verso la piazza che presumibilmente servirà da sala riunioni e discoteca. I due corpi estremi e indipendenti dovrebbero ospitare a questo livello (almeno secondo i più recenti orientamenti della committenza) una piccola sala da barbiere e dei servizi. I locali situati al secondo livello presentano invece destinazioni ancora più vaghe e problematiche: su di esse non siamo in grado di vaticinare nulla.

Nel cortile trova posto la piscina che lambisce il muro di recinzione al quale, dalla parte esterna, si addossa una rampa gradonata che collega due strade, a monte e a valle dell'intervento, attualmente del tutto prive di tratti di unione. Questa cordonata si propone come primo tratto di una lunga passeggiata che dovrebbe attraversare il paese sino alla piazza principale.

Il cortile non è stato aperto verso le due strade esistenti (l'alta e la bassa) bensì è stato trattato come un incidente di percorso della rampa, la quale interrompe la salita su un largo pianerottolo da cui la spina triangolare della scala penetra, riscendendo, fino al cortile. I tetti sono percorribili.

La finitura esterna è in intonaco livigni colore celeste, la pavimentazione delle terrazze è in piastrelle di clinker bianche, gli infissi sono in alluminio preverniciato di colore bianco.

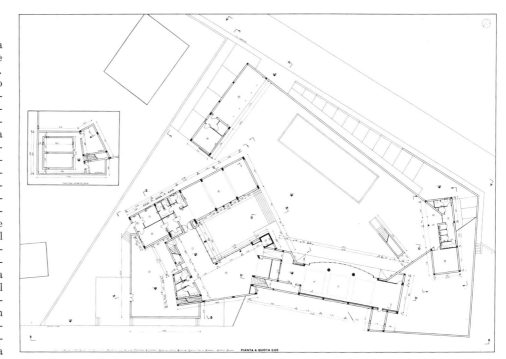

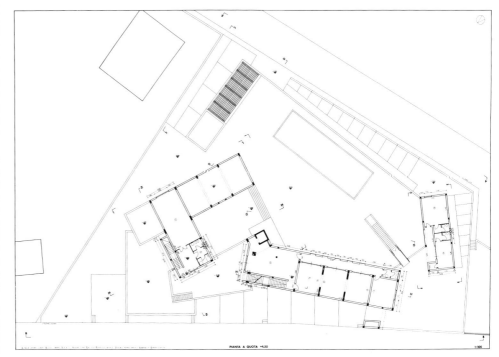

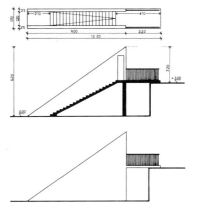

Piante ai diversi livelli e pianta, sezione e prospetto della scala.

Prospetti sud e nord e veduta dell'edificio inserito nel tessuto preesistente.

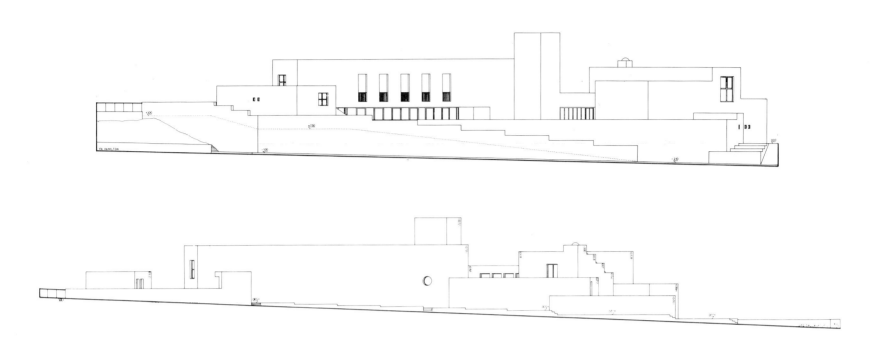

Dettagli dell'intervento.

Vedute particolari dei fronti esterni e interni.

Massimo Fazzino,
Domenico Sandri

con Irene Giglio, Paola Giusti

Edificio postale di Villa Falletto (Cuneo)

Questo edificio è situato in una cittadina in cui, al dominante carattere rurale, tipico di una solida cultura contadina che è stata capace di elaborare proprie forme architettoniche, si affianca e si sovrappone, attraverso un processo di contaminazione e modificazione dei caratteri originari, l'immagine altrettanto forte e decisiva della fabbrica. L'azienda agricola e l'opificio, caratterizzati da propri elementi formali, introdotti nel corso della seconda metà dell'Ottocento, hanno modificato l'immagine architettonica fino ad allora prevalente nella regione.

In particolare, nella zona del Cuneese, abbiamo riscontrato analogie di crescita e trasformazione proprie della cultura contadina così come di quella industriale. Il muro in cotto o in pietra, il tetto a falde coesistono con la capriata in ferro, con la presenza di ciminiere, pensiline o altri elementi tipici dell'architettura in ferro e vetro caratterizzante il processo di industrializzazione che agli inizi del secolo ha interessato anche questa città. Una nostra precisa volontà è stata quella di ribadire questi caratteri, non usandoli o riproponendoli come citazioni vernacolari e tantomeno "colte", ma piuttosto per quella loro qualità di "tracce storiche", spie di una trasformazione, conservatesi ed elaboratesi attraverso continue contaminazioni.

Queste preesistenze architettoniche e culturali sono state inoltre elaborate alla luce di tutto quel patrimonio di forme proprie dell'architettura italiana moderna, particolarmente del razionalismo italiano degli anni trenta, nel corso dei quali sono stati progettati e realizzati i più interessanti e importanti palazzi postali italiani. Abbiamo cioè ricondotto sia l'architettura del mattone che l'architettura in ferro e vetro all'interno di un sistema di riferimento e di controllo formale che rappresenta tuttora il momento più alto di elaborazione architettonica in questo settore. Questo si esplicita nel ricorso a sistemi simmetrici, nell'uso di una geometria capace di misurare, ritmare e organizzare gli spazi di lavoro, infine nella scelta di adottare elementi formali caratteristici come pilastrature, finestrelle rigidamente quadrate ecc.

La differenziazione dei quattro prospetti è qui risolta nell'ambito di precise simmetrie sulla base delle quali si raggiunge una corrispondenza fra i due prospetti laterali da un lato e il fronte e il retro dall'altro, sottolineato dalla esasperata modularità che impone la sua regola e il suo ordine alla singola bucatura come alla intera facciata. I prospetti laterali sono costruiti ciascuno su una coppia di quadrati, della quale uno è una sorta di scacchiera costituita da un intervallarsi di pieni-vuoti, l'altro è formato da un telaio quadrato realizzato con travi e pilastri in ferro, che si distacca, creando un percorso pedonale, da una parete piena in muratura. Se la conformazione è uguale in entrambi i prospetti, è proprio attraverso la scelta dei materiali che si costruiscono quelle relazioni con l'intorno dell'edificio, con la storia, la tradizione e l'architettura dei luoghi. Al prospetto realizzato interamente in mattoni a vista e segnato dalla presenza di una ciminiera, che anche a Villa Falletto rappresenta un elemento caratteristico del paesaggio urbano, si contrappone un prospetto interamente realizzato in marmo, che rappresenta una precisa rilettura, dichiarata, di alcuni dei più belli edifici postali storici, particolarmente dei due palazzi postali romani dell'Eur, dei BBPR e dell'Aventino di A. Libera.

Analogamente sono stati pensati e organizzati i prospetti sul fronte e sul retro. Al rivestimento in marmo del primo corrisponde sul retro un rivestimento in pannelli prefabbricati di identiche dimensioni, ma disposti allineati, mentre i primi sono sfalsati.

Le immagini dell'abitare e del lavorare vengono così ulteriormente rafforzate dal differenziarsi delle coperture, coppi alla piemontese e lastre di eternit, che individuano, anche volumetricamente, due situazioni diverse.

La complessità di questo edificio è sostanzialmente compresa nella diversità di rimandi e relazioni costruite attraverso l'ordine geometrico e compositivo imposto a tutto il sistema, che costituisce non solo l'organizzazione funzionale e l'equilibrio degli spazi di lavoro e di fruizione, ma presiede anche alla definizione dell'immagine, al suo manifestarsi secondo una legge.

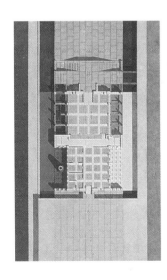

Planivolumetrico e disegni prospettici dei fronti laterali.

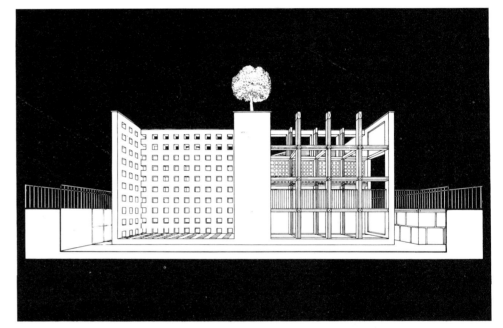

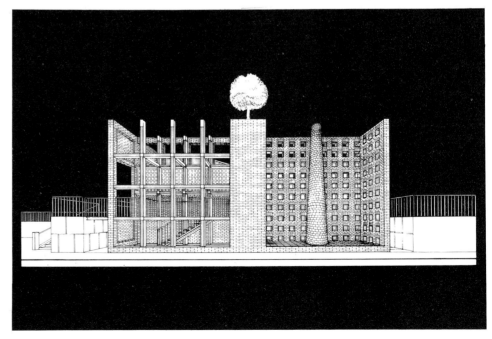

Fronte laterale in marmo, ingresso e dettaglio della ciminiera.

Roberto Gabetti,
Aimaro Oreglia d'Isola,
Guido Drocco

Monastero delle carmelitane scalze, Quart (Aosta)

Il progetto prevede la costruzione del monastero su di un lotto esposto a mezzogiorno, a monte dell'abitato del comune di Quart. Il terreno confina a sud e a ovest con la strada asfaltata di accesso, mentre a est e a nord confina con terreni agricoli. Il monastero sorge su un pianoro posto nella zona inferiore di tale lotto a una distanza dai confini prevista dalle normative comunali. Il progetto è stato approvato sia per la normativa urbanistica sia per la parte edilizia dal comune di Quart e dalla regione autonoma della Valle d'Aosta.

Il monastero ha un'organizzazione volumetrica ad andamento prevalentemente orizzontale, con chiostro centrale. La costruzione ha un piano fuori terra sulla parte a monte, due piani, dei quali uno ricavato nella pendenza del terreno, a valle: sul fronte ovest emerge, dal piazzale di ingresso, il volume della chiesa.

I caratteri dell'edificio riflettono da un lato la tradizione costruttiva locale e dall'altro la morfologia dei monasteri carmelitani. In particolare le coperture del tetto – seguendo anche le indicazioni regionali e l'uso prevalente locale – sono previste in pietra naturale a spacco, posta su strati isolanti, con grondaie perimetrali e discese in rame; le facciate perimetrali esterne sono in muratura di pietra a vista, con ampie fasce bianche che incorniciano le aperture; le pareti interne al chiostro presentano ampie aperture vetrate; il campanile è pure in muratura di pietra a vista del tipo a vela, con copertura a due falde in pietra; una grande croce in ferro zincato sovrasta la sommità dell'edificio. Nel complesso, quindi, l'uso dei materiali assieme al disegno architettonico di tutte le parti esterne, tende a suggerire un attento rispetto dei caratteri ambientali e una moderna ripresa di molte tradizioni edilizie della valle.

Per quanto riguarda i caratteri del monastero è stata attentamente esaminata la disposizione del convento di Valmadonna, però adattata ad un tipo a chiostro, anziché a manica lunga. La conformazione planimetrica a chiostro centrale si è resa necessaria vista la conformazione del terreno e pare del resto coerente rispetto a tipologie antiche: in particolare il chiostro piano – contornato da porticati di passaggio vetrati e da officine – offre caratteri di microclima protetto, particolarmente consigliabile per la Valle d'Aosta e garantisce un buon contenimento dei consumi energetici. In definitiva i caratteri del convento seguono una linea di continuità con la tradizione mentre le soluzioni strutturali e tecnologiche sono innovative.

L'esecuzione dei lavori – opere strutturali, di finitura, di sistemazione del terreno – non comporta particolari problemi in quanto risolvibili con l'impiego di tecniche correnti e con l'impostazione di un cantiere previsto per quel particolare sito.

La struttura è impostata su fondazioni poggianti a due livelli: uno superiore per l'edificio a un piano, non cantinato, l'altro inferiore posto a valle ed esteso alle cantine sottostanti i lati est e sud del cortile. Le strutture portanti saranno in pilastri e travi in cemento armato con solai nervati con blocchi laterizi gettati in opera; questi solai riguardano gli orizzontamenti a sostegno dei pavimenti del piano inferiore e del piano principale, nonché le falde inclinate a copertura di tutti i vani principali e accessori del monastero e della chiesa. Fra le strutture inclinate portanti, che costituiscono le falde del tetto, e la copertura in pietra saranno interposti i necessari strati isolanti. La copertura in pietra risulta essere molto adatta a resistere al vento.

I tramezzi e i muri interni saranno in muratura di spessore atto a garantire l'isolamento acustico necessario fra locale e locale. Il soffitto delle celle segue in parte l'andamento inclinato delle falde di copertura ed è soffittato a una quota tale da garantire le altezze minime di legge. Andamento analogo avranno anche i soffitti degli altri locali: viene caratterizzato così in modo semplice e significativo il paesaggio interno del monastero. Tutti gli ambienti, pareti e soffitti, saranno tinteggiati a calce bianca. I pavimenti, seguendo anche l'uso locale condizionato dal clima, sono, per gli ambienti a maggior permanenza, in legno a listoni correnti, per i servizi, terrazzi, laboratori particolari ecc. in clinker rosso. I serramenti esterni sono in legno con vetrocamera con antine interne in legno.

Pianta generale del convento, sezioni sulla chiesa, sul corpo dei laboratori e del refettorio, e sul corpo delle celle.

Vedute dei fronti a valle.

Vedute della chiesa e del fronte d'ingresso.

Maria Clara Garcia La Fuente,
Mariolina Monge

Casa di accoglienza per anziani a Montecchio (Terni)

Montecchio, piccolo paese arroccato sulle colline, a poca distanza da Orvieto e Todi, è stato recentemente dotato di un piano di recupero per la sistemazione della parte sviluppatasi fuori dal centro storico. Il sito del progetto è stato destinato dal piano ad una funzione di tipo collettivo. Le dimensioni dell'edificio imposte dal piano sono di un parallelepipedo la cui base misura 20 x 20 metri. Composto da cinque livelli il parallelepipedo è bucato centralmente, nei tre piani fuori terra, da un cortile a forma ottagonale mentre i due piani inferiori seminterrati appoggiano su di un terreno in pendenza.

Si accede all'ingresso principale dalla casa di accoglienza, al piano terra, dalla strada che si snoda all'interno del paese. A questo livello si trovano la portineria insieme all'ufficio amministrativo, una saletta per il ricevimento degli ospiti, i soggiorni, la scala, l'ascensore di grandi dimensioni e i servizi. I soggiorni affacciano sul percorso tondo che contorna il cortile ottagonale. La parete del soggiorno centrale è vetrata e permette delle trasparenze visuali tra interno-esterno.

Sempre al piano terra, separata dalla parte collettiva, è collocata la zona del personale residente con una scala separata di servizio che la collega al piano inferiore della cucina e della lavanderia. Ai due piani superiori l'anello del corridoio si restringe e si sviluppa in quattro tratti disposti a croce di Sant'Andrea di accesso alle stanze, mentre i pilastri, in cui sono incassati gli scarichi, sono affogati nei muri perimetrali dei bagni. Su ogni piano sono disposte dieci stanze a due letti, ciascuna con il bagno. Scendendo al piano seminterrato si trova la grande sala da pranzo che affaccia sul giardino. Sullo stesso piano è collocata la cucina, con tutti i vani accessori di dispensa e deposito, provvista di un ingresso laterale per le merci, mentre la lavanderia e la stireria sono locali interrati.

Al piano interrato sottostante è stata ricavata una sala per attività ricreative e conferenze provvista di un piccolo palcoscenico e aperta agli abitanti del paese in modo da evitare l'isolamento della comunità stessa.

I muri perimetrali e quelli del cortile ottagonale sono in pietra a vista chiamata "sponga".

I blocchi di pietra sponga e i mattoni forati, fungendo da cassaforma alle gettate di cemento, formano così, secondo la tradizione dell'antica Roma, una sorta di muro perimetrale portante, mentre all'interno della costruzione è stata usata la maglia di pilastri tondi disposti a corona con un solaio incrociato ed una parte in aggetto.

Il portone di ingresso e l'ordine di finestre quadrate del primo piano sono contornati da un imbotto di cemento a vista, mentre le finestre del secondo piano, a due a due per ogni stanza, sono prive di piattabanda e si vede la continuità del cornicione in cemento a vista. Per i davanzali e alcuni pavimenti si è usato il peperino e altre volte il travertino.

Le persiane scorrevoli in p.v.c. sono incassate nella parete, in modo da non sovrapporsi alla pietra di facciata.

Un cono di vetro appoggiato sul solaio del cortile ottagonale fa scendere una lama di luce nella sala da pranzo al piano sottostante mentre nell'interrato, grazie al taglio dell'intercapedine giunge filtrata la luce naturale.

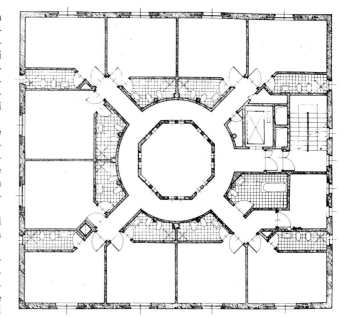

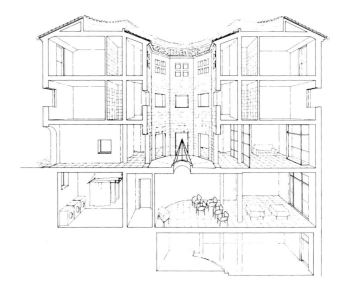

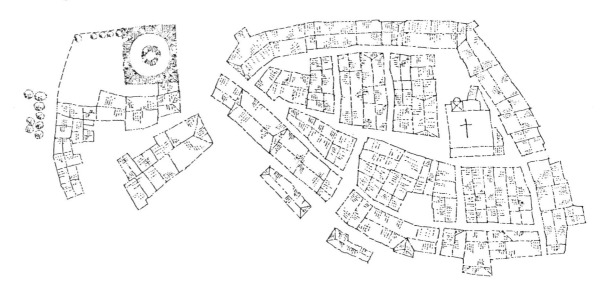

Pianta dell'ultimo piano, sezione prospettica sulla corte, particolare del lucernario e planimetria generale con l'inserimento dell'edificio.

Veduta dell'edificio dall'alto e dettagli del tetto e della corte interna.

Ignazio Gardella

con Angela Malaponti,
Giampiero Peia
consulente: MVE, Mario Valle
Engineering Spa

Sede della Facoltà di architettura di Genova

La cultura architettonica contemporanea è ormai concorde nel riconoscere che il difficile inserimento di un edificio nuovo in un centro storico antico non deve essere realizzato con mimetismi stilistici, ma con un linguaggio architettonico attuale, capace di instaurare con l'ambiente preesistente un dialogo autentico, che non sarebbe più tale se si adottassero falsi rifacimenti in "stile".
L'architettura del nuovo edificio è stata quindi concepita seguendo questo criterio, come una architettura del nostro tempo, senza nessuna soggezione formale ad architetture del passato, anche se in essa rimane la memoria del luogo storico in cui sorge.
L'espressività figurativa è fondamentalmente affidata al gioco articolato dei volumi ascendenti che seguono l'andamento del terreno, e a una rigorosa semplicità di partiti architettonici, senza nessuna compiacenza formale.
L'alternanza dei setti murari e delle finestrate verticali continue, che risponde alla modulazione degli spazi interni a guisa di un curtain wall, si ripete costante su tutte le fronti. La posizione delle finestre a filo interno dello spessore della muratura dà alle fronti una vibrazione, che, senza alterarne la continuità, le arricchisce con un gioco di luci e di ombre.
Questa vibrazione trova dei punti di fermo e di riposo nelle superfici murarie piene situate in corrispondenza ad alcuni nodi della distribuzione interna: nella testata del corpo alto che racchiude il blocco delle comunicazioni verticali; nei due volumi cubici che contengono la scala e l'ascensore e inquadrano l'ingresso principale sulla nuova piazza (San Silvestro); nel campanile, con l'annessa parte dell'antico fabbricato restaurato, che innesta nel nuovo edificio, interrompendo la continuità della fronte interna e nello stesso tempo ridisegnando lo spazio dell'antico chiostro delle suore di Pisa.
Per dare maggior forza e unità all'architettura, si è volutamente limitata la variazione dei materiali usati nelle fronti, che si riducono sostanzialmente a tre. La lavagna, un materiale tipicamente genovese, per le lastre di copertura del tetto, per il coronamento di gronda, per le fasce marcapiano e per lo zoccolino; l'intonaco impastato con mattone macinato, per le parti in muratura; i profilati di metallo, color canna di fucile, per i serramenti esterni.

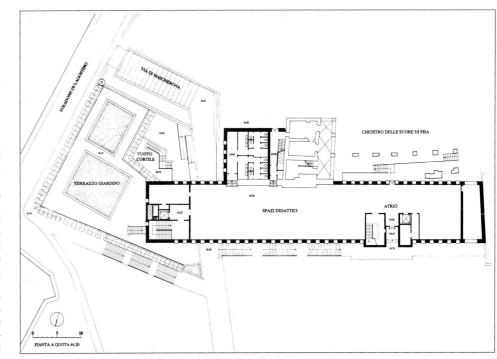

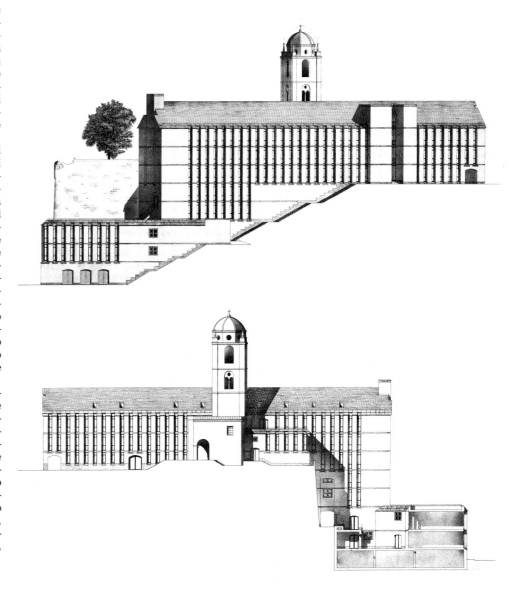

Pianta a livello dell'ingresso, fronti nord e sud.

Dettaglio del fronte est, scorcio dello stesso fronte e sezione longitudinale.

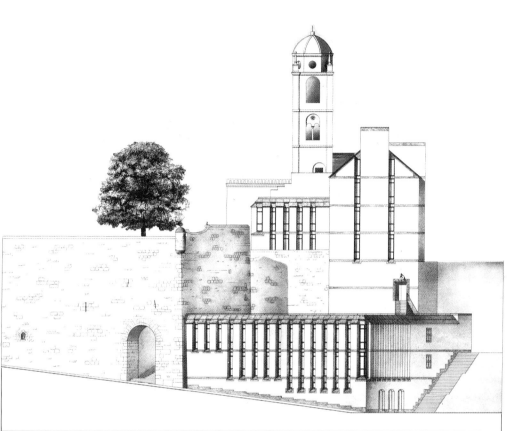

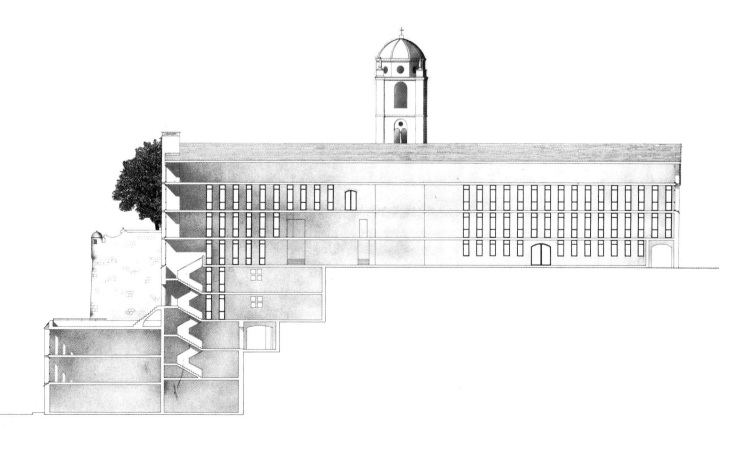

Veduta dell'edificio dal teatro Carlo Felice.

Vedute del disegno delle pareti e dettaglio del tetto; in lontananza il teatro Carlo Felice.

Guido Gigli,
Bruno Remotti,
Giancarlo Remotti,
Gian Ludovico Rolli

con A. Aportone, M. Daretti,
C. Savoino

Facoltà di scienze dell'università dell'Aquila

Il progetto è stato eseguito in totale aderenza ai criteri comuni all'intero complesso universitario, per quanto riguarda la configurazione architettonica delle parti e dell'insieme, la modularità spaziale e strutturale, le modalità di accrescimento dei singoli macromoduli e delle relative aggregazioni, la flessibilità nella realizzazione e nell'utilizzazione degli spazi interni.

Un nucleo di collegamento centrale unisce due unità composte da due corpi di fabbrica paralleli, con profondità differenti, coordinati nella modulazione assiale e costituenti una inscindibile unità funzionale atta ad ospitare tutte le attività afferenti a un singolo dipartimento.

La differente profondità dei due corpi dipende dall'aggregazione di funzioni fra di loro omogenee. Il corpo di minore profondità è prevalentemente destinato a ospitare ambienti di studio, lavoro e laboratori di piccola dimensione; l'altro, di maggiore profondità, ospita a sua volta i laboratori di grande dimensione e gli spazi per la didattica.

Le quattro unità funzionali (una per lato e una per piano) ospitano i quattro dipartimenti di biologia cellulare, scienze ambientali, matematica e fisica. Al piano terreno sono ospitati oltre ai servizi di interesse comune, le aule per la didattica e i locali a maggior contatto con il pubblico.

Il nucleo centrale di raccordo dei corpi di fabbrica paralleli ospita, oltre ai gruppi verticali principali, ambienti di grandi dimensioni e di fruizione comune; un grande atrio è articolato con più episodi, a zone di sosta e di interesse al piano terreno, e ad aule da duecento posti ciascuna al livello superiore.

La configurazione architettonica tende a evidenziare la funzione di punto di massima concentrazione di interesse: lo spazio dell'atrio è parzialmente aperto a tutta altezza verso gli atri dell'aula, realizzando una continuità visuale degli spazi connettivi ai diversi livelli; le stesse grandi aule sono articolate su due piani e illuminate, oltre che lateralmente, anche dall'alto.

Sullo spazio dell'atrio confluisce un lungo collegamento trasversale principale che costituisce l'elemento di connessione pedonale interfacoltà.

I due corpi paralleli sono connessi da elementi trasversali di percorrenza, completamente vetrati, che definiscono al primo e al secondo livello due corti; a livello del terreno l'area a verde si inserisce tra essi con effetti di interno-esterno, insinuandosi attraverso i porticati nel corpo stesso degli edifici.

La superficie utilizzata a piano terreno è infatti contornata di porticati che assumono differenti profondità e che costituiscono un elemento connettivo esterno di grande respiro.

Vedute delle torri scala, del fronte d'ingresso e pianta.

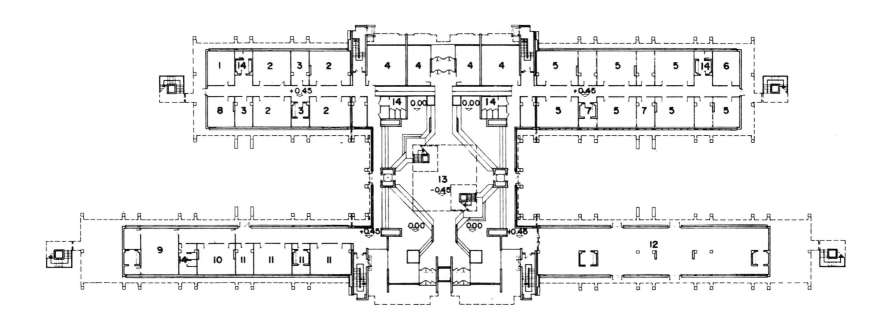

Roberto Giussani, Omar Berri

Collezione di antichi stampi per tessuti a Ossona (Milano)

Un corpo edilizio originariamente adibito a deposito di prodotti industriali deve diventare sede di una collezione di antichi blocchi per la stampa su tessuto. Pur mantenendo la sua funzione di contenitore, deve essere nel contempo luogo di esposizione e di attività permanenti aperte al pubblico.

Il progetto costituisce un tentativo di risolvere questa dualità mediante la modifica di uno spazio interno, e di uno spazio aperto.

Lo spazio è egualmente scandito sui due piani dal ritmo della struttura in componenti prefabbricati: ne deriva la percezione di una successione di ambiti spaziali identici, virtualmente definiti dalle proiezioni della travatura e delle pilastrate.

Lo spazio aperto, che funge da piazzale di manovra per autocarri, ha una planimetria irregolare, dovuta al diverso orientamento di lottizzazioni civili e industriali, ed è caratterizzato dalla presenza di una grande magnolia isolata. È delimitato dalla strada di accesso al centro dell'abitato, dall'andamento del complesso industriale di cui fa parte, e da un muro di confine disegnato dai muri ciechi di case a due o tre piani con veranda annessa, di fenili, di depositi e di orti.

Questo progetto si concentra sulla possibilità di costruire il luogo della collezione attraverso un'operazione di montaggio nella quale elementi preesistenti e nuove addizioni danno vita a una sequenza che attraversa senza soluzione di continuità lo spazio aperto e quello conchiuso.

Si configura una situazione ambivalente nella quale entrambi gli spazi mantengono la loro conformazione, mentre soltanto alcuni degli elementi che li compongono vengono caricati di una valenza architettonica interna a una logica differente.

La sequenza si costruisce infatti attraverso lo svolgimento di tre principi che implicano manifestamente un rapporto, tra vecchio e nuovo: giustapposizione, sovrapposizione, contrasto.

Per giustapposizione si delinea una consonanza tra fatti architettonici isolati: tale percezione è resa possibile dal rapporto privilegiato che disposizione, conformazione e materialità dell'elemento aggiunto instaurano con alcuni elementi dati piuttosto che con altri.

Il grande portico, con la doppia simmetria data dalla maglia delle colonne, è tanto funzionale al passaggio tra l'esterno e la nuova organizzazione interna quanto indifferente alle partizioni stereometriche dell'edificio che contiene la collezione: si confronta a pari scala con quest'ultimo, ma anche con la solitaria magnolia e la successione delle falde dei tetti che lo circondano.

Per sovrapposizione le addizioni si conformano a singoli momenti della trama costruttiva dell'edificio e dello spazio preesistenti, che può essere inteso anche solo virtualmente.

La teoria di strutture verticali metalliche di sostegno ai banchi di lavoro corre parallela all'interno e lungo tutto lo stesso piano di facciata: come gli schermi in tela d'acciaio tessuta a reps per la regolazione dell'intensità luminosa, posti nello spazio dato dalla differenza di giacitura, ha un intervallo del tutto conforme a quello delle pilastrate.

Il rivestimento in eternit con struttura lignea dell'ingresso e lungo la rampa unica continua sino al piano superiore inglobando il vecchio muro di spina e il suo nuovo prolungamento che rimangono a vista nello spessore delle travature.

Per dissonanza si costruisce un tipo di spazialità modellata dall'incunearsi in un organismo assemblato secondo la logica del contenitore industriale di una sequenza di elementi ordinati secondo una logica differente; procedimento e carattere contrastante delle parti aggiunte producono una tendenza al movimento analoga a quella di determinati intervalli e accordi all'interno della prassi musicale.

Grandi superfici liberamente collocate come quelle per l'esposizione dei pezzi unici al piano terreno e dei tessuti al primo piano mostrano confini, convessità, orientamento tali da dare, insieme agli elementi costruiti secondo i precedenti principi, le coordinate di quella spazialità. Essa trova poi, mediante piani, punti e linee, momenti di ordine e di misura indifferenti alle partizioni geometriche e volumetriche della maglia prefabbricata: piani come le imposte di ingresso e il cristallo sospeso a fianco dell'inizio della scala, punti come le cinque strutture in legno e pietra per l'esposizione di una serie completa di blocchi da stampa accanto al tessuto stampato, linee come le strisce luminose che scandiscono insieme alle trentasei cifre romane a pavimento il succedersi delle 40.000 unità che costituiscono la collezione.

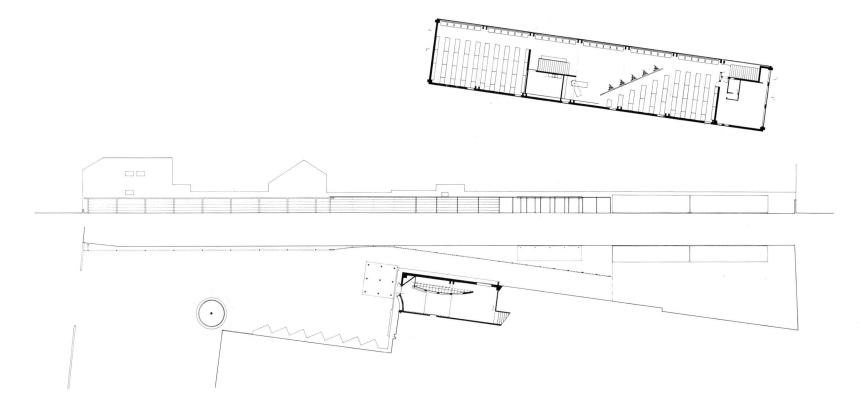

Pianta e profilo dell'intervento.

Dettagli dell'interno e dell'esterno.

Dettagli del sistema espositivo.

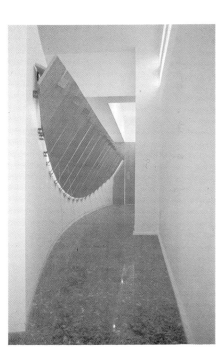

Dettagli del sistema espositivo.

Alberto Gozzi,
Antonio Medici

Cimitero di Salina (Mantova)
Salina di Viadana è un piccolo paese della bassa Padana situato a ridosso del Po, in quell'ansa del fiume compresa fra le provincie di Mantova, Parma, Cremona. Questo tratto di fiume è caratterizzato dalla presenza di cittadine gonzaghesche che improvvisamente emergono dalla pianura e segnano il paesaggio: Sabbioneta, con le sue mura di mattoni rossi, Pomponesco, Guastalla e Gualtieri, con le grandi piazze invase dalla luce e fiancheggiate da lunghi porticati. Una forte suggestione visitando questi luoghi è data dal rapporto fra gli elementi costruiti del territorio e la geografia del paesaggio: l'orizzontalità e la geometria delle antiche piantate e dei campi, la conformazione del sistema orografico, l'intensità della luce estiva, le ombre profonde dei boschi e dei porticati, i contorni sfumati delle cose avvolte dalla nebbia d'inverno, il silenzio.
Il cimitero è posto ai margini del paese lungo una contrada che dalla piazza prosegue verso la campagna.
Il progetto cerca di cogliere gli elementi del contesto e di trasferirli in un programma che prevede la realizzazione di cento loculi e di alcune cappelle private. La limitatezza dei mezzi a disposizione viene assunta come dato di una possibile potenzialità espressiva ottenuta attraverso la scarna essenzialità del linguaggio.
Al rigore dell'immagine esterna, espressione della dimensione istituzionale e pubblica del cimitero, si contrappone l'eclettismo dei rivestimenti marmorei delle facciate delle cappelle gentilizie, espressione del rapporto privato di ognuno con la morte.

Ma non è forse questa una delle caratteristiche dei cimiteri italiani? Al nuovo cimitero si accede attraverso una breccia ricavata nel muro di cinta del cimitero esistente. Alla forma rettangolare del vecchio recinto si contrappone la sequenza alternata dei loculi e delle cappelle private disposte su un perimetro circolare di trentacinque metri di diametro. L'alternarsi dei loculi disposti su tre file e delle cappelle determina una configurazione turrita che emerge dalla orizzontalità della campagna, si staglia nel cielo e dialoga con gli elementi del paesaggio. Una fontana è il segnale visivo dell'accesso al nuovo cimitero, mentre due campi a prato racchiusi fra diaframmi in muratura a brise-soleil introducono ai luoghi di sepoltura. Lo spazio interno si configura come un campo suddiviso da due percorsi fra loro ortogonali che confluiscono in una piazzetta, un luogo di raccoglimento simbolicamente segnato al centro da un cubo sormontato da una sfera di marmo. Il percorso, sulla direttrice nord-sud, stabilisce un collegamento visivo che relaziona il cimitero esistente, il vecchio recinto e la campagna circostante. Il muro di cinta e le cappelle private sono state interamente realizzate in muratura di blocchi di cemento faccia a vista di colore rosso. Le coperture delle cappelle e dei loculi sono in calcestruzzo rivestite con lastre di rame. Il monumento posto al centro del cimitero è realizzato in lastre di marmo rosso di Verona martellinato, la sfera è stata ricavata da un blocco di botticino. I percorsi, delimitati da cordoli in calcestruzzo prefabbricati, sono in ghiaietto di marmo rosso di Verona.

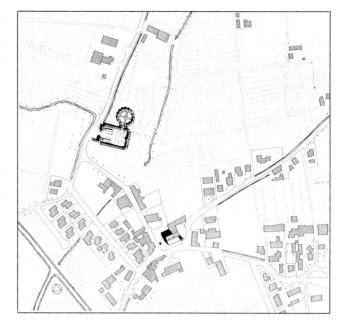

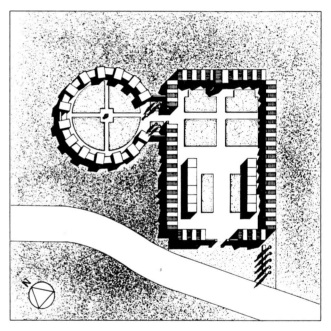

Localizzazione dell'intervento, planivolumetrico e sezione sulla corte interna del nuovo e del vecchio cimitero.

Disegno del fronte ovest e veduta dell'ampliamento.

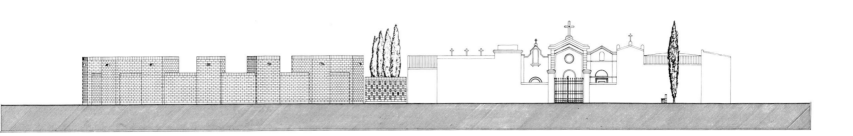

Giovanni Maciocco

con Antonio Chessa, Mario Tavera

Azienda autonoma di soggiorno e turismo a Olbia

Il progetto riguarda la ricostruzione della sede dell'Azienda autonoma soggiorno e turismo di Olbia; interessa quindi l'area già occupata della sede esistente, tra via Catello Piro e il cortile delle scuole.

Il nuovo edificio, che ha un'altezza massima di 7,20 metri, si eleva per due piani, collegati internamente da un doppio volume.

Al piano terra sono previsti l'ingresso dalla via Catello Piro, la hall, la ricezione e un ambiente di lavoro trattato a open space; al medesimo piano sono previsti un ufficio amministrativo con relativo archivio, i servizi, un ripostiglio e un guardaroba. Al piano superiore, un ballatoio che si affaccia sulla hall a doppia altezza disimpegna gli uffici del direttore e del presidente e la sala riunioni. Un locale di servizi è previsto in corrispondenza dell'arrivo della scala.

L'edificio ha un fronte disegnata secondo elementi modulari che ricorrono anche nella parete vetrata principale, dalla quale è possibile percepire il doppio volume interno. La scelta è legata alla volontà di rendere fruibile visivamente, sia all'interno che all'esterno, l'intero edificio. Un grande zoccolo in travertino rafforza l'allineamento sulla strada ed enfatizza la presenza dell'edificio che, pur essendo di piccole dimensioni, ha un certo carattere monumentale. Gli stacchi dalle costruzioni confinanti consentono scorci sui giardini retrostanti fino al palazzo comunale.

La struttura è costituita da colonne circolari; le travi e la volta di copertura sono in cemento armato, i solai in cemento armato e laterizio. La scala è invece in ferro verniciato. I muri perimetrali sono costituiti da una doppia parete in laterizio a cassa vuota con interposto uno strato di isolante in lana di vetro. Le vetrate sono realizzate in alluminio preverniciato e oscurate da tende di fibra minerale.

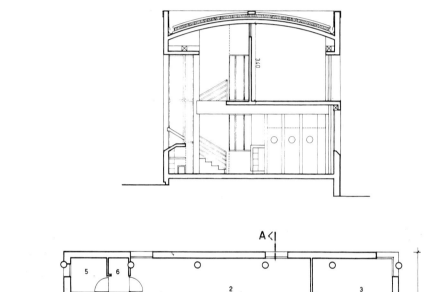

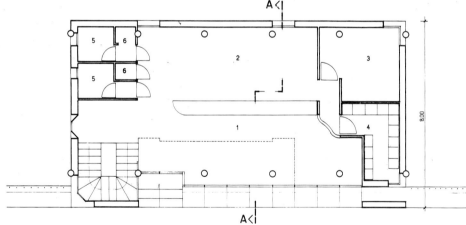

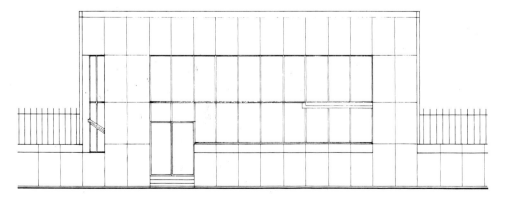

Sezione trasversale, pianta e fronte su via Catello Piro. Vedute del fronte d'ingresso e dell'interno.

Vera Massari,
Gianfranco Zaniboni

consulenti: Walter Donini,
Gianfranco Groli

Centro sportivo di Roncadelle (Brescia)

Il progetto risponde a tre ordini complementari di problemi.
Il primo riguarda la grande rilevanza dell'intervento, collocato nell'ambito di un contesto comunale che partecipa intensamente alla urbanizzazione dell'hinterland bresciano e pone questo episodio come possibile esempio di riqualificazione urbana insieme ad altri interventi di carattere produttivo, infrastrutturale e di servizi che vengono distribuiti sul territorio per garantire opportunità sociali sempre più richieste.
L'impianto planivolumetrico dell'organismo, nella sua compattezza, vuole porsi come elemento di identità collettiva e di riconoscibilità, in un territorio in fase di prorompente urbanizzazione; vuole essere un possibile "cardine" della conurbazione bresciana, un'emergenza che può rimandare alla storia del territorio, sia ai suoi edifici produttivi costruiti all'inizio del secolo fuori dai nuclei urbani, sia alle sue emergenze storiche ugualmente esterne ai centri abitati (ad esempio, proprio a Roncadelle, il castello Guaineri).

Il secondo ordine di problemi, relativo alle prestazioni che il nuovo impianto deve garantire, può essere riassunto nei seguenti punti.
Sono stati individuati tre nuclei funzionali di base attorno ai quali organizzare spogliatoi e servizi di pertinenza: una terna di opportunità ginnico-sportive cui far corrispondere nuclei edilizi ben individuati, con ingressi propri e possibilità di gestione autonoma.
L'accessibilità del pubblico è stata studiata secondo uno schema che porta alla dotazione di quattro vani scala angolari i quali, nel sottolineare l'impianto dell'edificio, risultano capaci di smaltire agevolmente l'intera utenza (circa mille spettatori) in condizioni di emergenza.
Attorno all'altezza richiesta di 12,50 metri sul piano di gioco della pallavolo, è stata predisposta una serie di sfalsamenti in quota delle coperture che consenta di realizzare una soluzione a invaso centrale di massima altezza cui corrispondono due ulteriori caratterizzazioni: la dotazione di bovindi sui lati nord e sud che offrono agli spettatori una zona di sosta e di affaccio, e una maggiorazione del numero dei posti a sedere in corrispondenza del vano centrale.
Infine, le gradonate sono state distribuite simmetricamente, soluzione che garantisce un agevole deflusso, consentendo allo stesso tempo di raggiungere "l'effetto" scenografico di affaccio doppio e contrapposto sul grande spazio centrale.
Il terzo ordine di temi è riferito, molto sinteticamente, alle caratteristiche formali dell'edificio: nel richiamarsi ad alcuni stilemi propri della prima architettura moderna, propone una immagine che cerca di scostarsi dall'effetto facile delle soluzioni tecnologiche o gestuali, per proporre un impianto più severo, memore delle forme elementari e dei materiali propri degli insediamenti industriali che nei primi decenni del Novecento hanno aperto la strada all'urbanizzazione diffusa del territorio agricolo.
Un tentativo di riallacciarsi alla "memoria" del contesto tramite un edificio semplice, che sembra esistere da sempre, quasi un oggetto proto-moderno insediato da tempo nella campagna bresciana.

Piante ai due livelli.

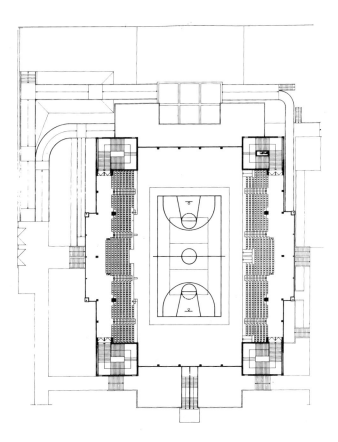 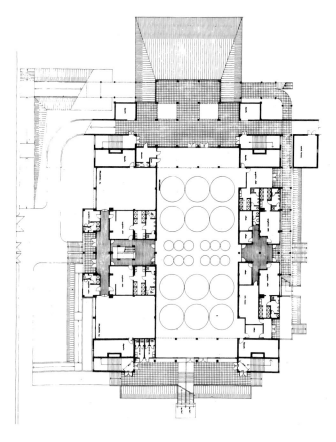

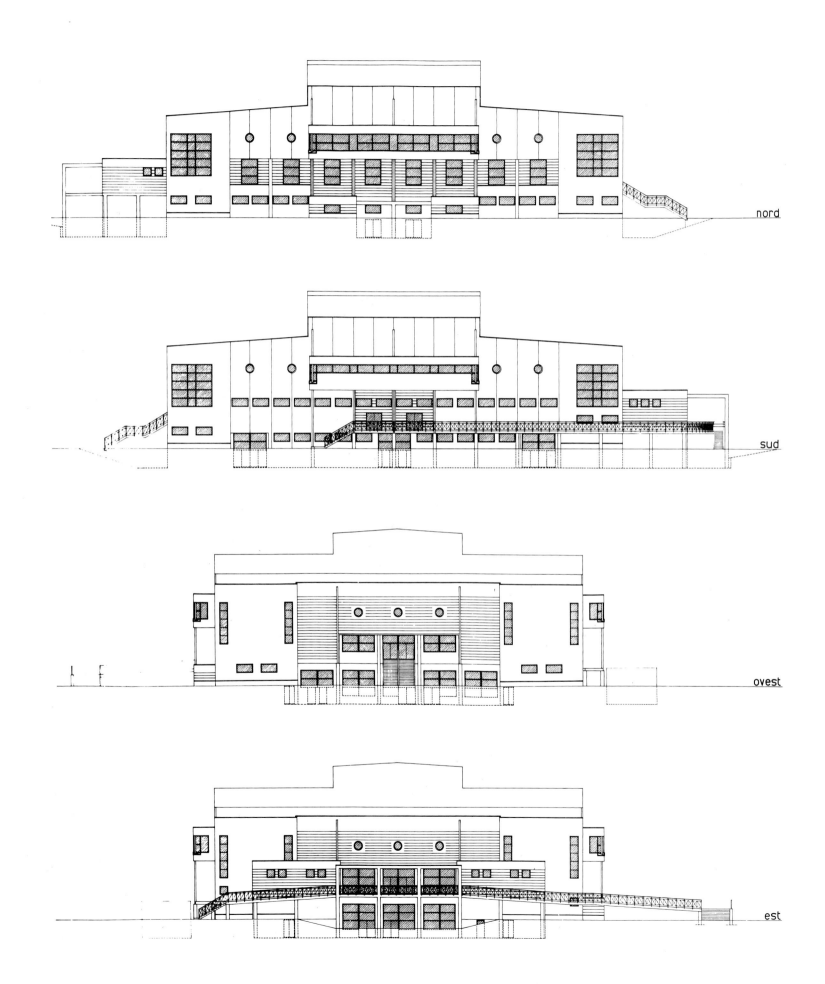

Disegni dei quattro fronti e vedute dei lati sud-ovest e nord.

Lamberto Molteni,
Mauro Molteni,
Pietro Carlo Pellegrini,
Andrea Perelli

Cimitero comunale di Porcari (Lucca)

Tra le tematiche progettuali a carattere sociale è indubbiamente quella cimiteriale che, più di altre, affronta problematiche inquietanti, connesse alla filosofia di un progettare che tenta di risolvere la mediazione tra la pietas comune e l'oggetto architettonico, tra le forme di culto proprie della sfera privata e le esigenze dell'aggregazione comunitaria.

Questo progetto vuole tradurre due distinti momenti emozionali. Il primo, a carattere collettivo, è espresso attraverso un viale alberato che si conclude nella piazza, ambiente quasi metafisico, risultato dalla rigorosa e rispondente accentuazione geometrica e dalla forzatura dell'andamento naturale del terreno riportato alla orizzontalità; una piazza che è anche barriera visiva alle fasi ultime della cerimonia funebre. Solo il segno rappresentato dal portale-scultura fa intuire l'ulteriore percorso che è itinerario fisico ma anche simbolico fino all'ossario; tuttavia, questo appartiene già al momento emozionale privato, più intimo e solitario, che ritrova il rapporto con la natura secondo il lento declivio della collina.

Le strutture dei colombari, racchiuse e contornate da murature, interpretano con un ambiente delimitato e protetto l'esigenza di ritrovare i momenti di incontro ideale con la memoria.

Lo spazio gradonato delle tombe murate è delimitato su tutto il suo contorno ed è suddiviso dai percorsi che adattano la geometria dell'impianto all'andamento altimetrico, traducendo nuovamente l'idea di equalizzare il rapporto tra privato e collettivo. È in questa ottica che le cappelle private sono pensate più come parti rientranti del muro di cinta che come fatto monumentale autonomo che possa significare contrapposizione sociale.

Nella parte alta del lotto, sul declivio naturale, si appoggia il corpo di fabbrica dei colombari, che ha il primo piano alla quota del piazzale, mentre il piano terra si trova alla quota della viabilità esterna.

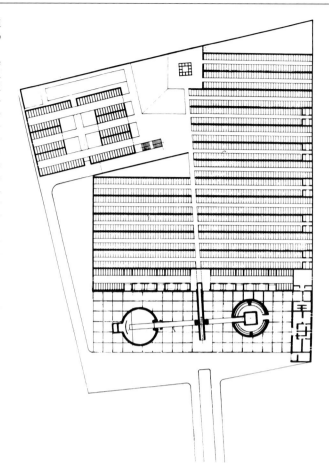

Pianta generale, disegno dei quattro fronti esterni e planivolumetrico.

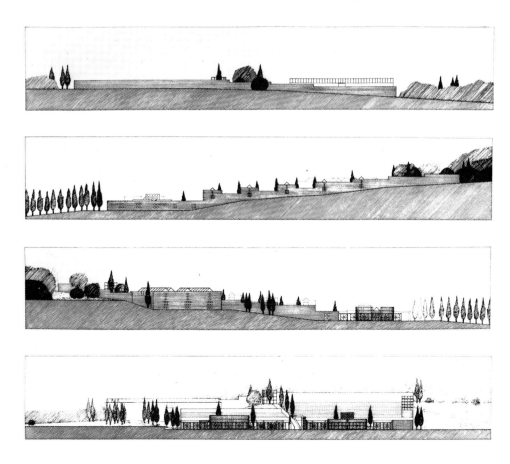

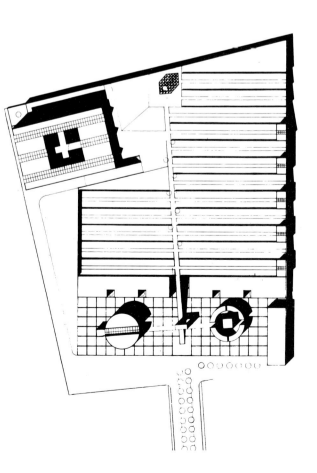

Dettagli del piazzale all'ingresso.

Marino Narpozzi,
Carlo Magnani,
Claudio Aldegheri,
P. Giacomin,
S. Rocchetto

con L. De Giuseppe, R. Mion
consulente: Patrizio Giulini

Planivolumetrico, prospetti, piante e sezioni del portico e del corpo dei servizi. Fronte esterno e prospettiva dell'interno dell'aula d'ingresso.

Nuovo cimitero di Fiesso d'Artico (Venezia)

L'opera è situata nella campagna della riviera del Brenta, nel tratto che divide Padova da Venezia. Tentando di rapportarsi al luogo e rispettando la tradizione cimiteriale italiana, il progetto è stato impostato sulle relazioni tra costruito e verde e sul rapporto tra cultura laica e cultura religiosa. La progettazione è stata condotta in modo inclusivo, rendendosi disponibile a variabili e aspettative vagliate con la committenza.
Un recinto porticato racchiude, su tre lati, le sepolture e l'ossario. Sul quarto lato, ad est, si attestano i servizi e le edicole di famiglia. A ovest, nel punto mediano dell'alta muratura, è posta la fossa comune, sottolineata dalla presenza di due cipressi e da un'ampia apertura verso la campagna. Due linee di attraversamento, sud-nord (il viale proveniente dal paese fino al tempio-oratorio) ed est-ovest (l'asse ottico dall'ingresso fino alla fossa comune) fissano ortogonalmente l'impianto insediativo.
Le strutture principali sono di cemento, rivestite da una tessitura di blocchi di colore rosa veneziano, lavorati a una testa. La muratura è marcata da alcuni corsi bianchi che segnano gli architravi delle aperture e il recinto esterno. Gli edifici emergenti, quali ingresso, servizi ecc. presentano un coronamento superiore di due corsi bianchi, tra l'attacco del solaio di copertura e il bordo superiore. Tale procedimento viene esteso anche all'ossario e al tempio-oratorio, con singole variazioni. Nell'ossario, per esempio, questo coronamento si trasforma in una sorta di *treillage*, permettendo la percezione della copertura a giardino. Le altre coperture, sia piane che inclinate, realizzate con lastre prefabbricate, sono rivestite da una guaina mineralizzata color verde.
Durante il giorno gli interni sono illuminati da luce naturale, attraverso aperture, lucernai, portici e lanterne. I pavimenti di grande estensione sono stati ottenuti con un impasto di ghiaino lavato e cemento. Le finiture del piano di calpestio sono differenti. Nelle piazzette e nei percorsi esterni il pavimento è formato da quadre prefabbricate. In quelli interni l'impasto è stato levigato e lucidato a piombo.
Nelle sepolture, realizzate con sistemi a cassero e prefabbricato, sono stati usati due paramenti: pietra bianca Apricena lungo il portico e Rosso Verona nell'edificio ossario. Il contrasto bianco/rosso dei materiali è stato utilizzato in maniera opposta per i loculi e per gli ossari.
Lungo un percorso esterno al recinto si dispongono le piante di un piccolo parco. Il verde è parte integrante dell'articolato sistema compositivo. Inoltre la flora è stata scelta simbolicamente, secondo la tradizione iconografica cristiana, con alberi che rappresentano anche sacri valori. Il corso del rio Serraglio delimita a nord l'area dell'intervento.

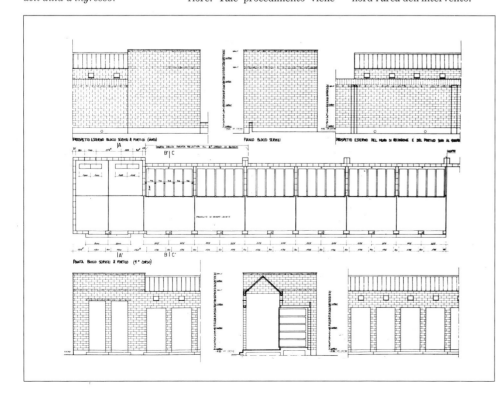

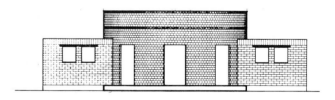

Dettagli degli edifici e dei portici.

Alessandro Navarini, Fabrizio Veronesi

Centro sociale per anziani a Roncadelle (Brescia)

Il nuovo edificio, commissionato dall'amministrazione comunale di Roncadelle, un centro ai confini di Brescia, è destinato a costituire un punto di riferimento e di aggregazione per la locale comunità di anziani, grazie alla dotazione di spazi attrezzati per ospitare corsi, conferenze e attività ricreative varie dedicate a questa parte sempre crescente di popolazione.

L'area è situata ai margini del nucleo antico del paese, caratterizzato dalla cortina degli scuri fronti continui che costeggiano la strada e la zona di nuova espansione, più ricca di spazi e di luce ma assai più modesta e disgregata sul piano della qualità edilizia. L'edificio si propone dunque come ultima propaggine del nucleo antico, recuperandone, almeno in parte, le modalità insediative: presenta un fronte compatto e allungato lungo la strada, al quale, come nella diffusa tradizione locale, fa riscontro un retro più intimo e protetto, che si apre su un ampio spazio di verde.

Al contempo l'ariosità delle sistemazioni esterne e l'uso vivace del colore delle sue parti in ferro costituiscono il preludio a un nuovo paesaggio che si presenta a chi, uscendo dal paese, si dirige verso la periferia.

Il progetto architettonico si è sviluppato alternandosi tra l'esigenza di fornire a questo edificio le caratteristiche di dignità e rilevanza che si addicono a un'opera pubblica destinata a diventare luogo di riferimento collettivo del paese e il desiderio che una tale struttura, dedicata in prevalenza alle persone anziane, potesse fin da subito risultare accogliente, familiare anche per i suoi futuri abitanti.

Al prospetto austero dell'edificio, improntato a compostezza e rigida simmetria di neoclassica memoria appena indebolita dall'andamento trasgressivo dell'architettura in acciaio è affidato il compito di assolvere gli obblighi "rappresentativi". Mentre l'inserimento del porticato, che si sviluppa lungo i due lati principali dell'edificio, con la sua capacità di suscitare antiche suggestioni padane e invogliare al passeggio e alla sosta, intende accentuarne la fruibilità spaziale.

La scelta infine dell'utilizzo di un materiale a tonalità calde, qual è il mattone a vista, per la finitura esterna, contribuisce a rendere più naturale l'inserimento del manufatto nel contesto, conferendogli un'aura rassicurante di appartenenza al luogo.

La struttura si sviluppa principalmente su un unico piano e si compone di due ali laterali che s'innestano in un corpo centrale posto trasversalmente: qui è collocata la sala di ritrovo, arricchita da un'ampia veranda che si affaccia sul parco retrostante. Ai lati della sala si snodano le stanze destinate alle varie attività del centro, comunicanti tra loro e con i porticati.

La testata a nord ospita la sala per conferenze a doppia altezza, mentre simmetricamente a sud, su due piani, si sviluppano due minialloggi per custodi e animatori del centro.

Da segnalare l'accostamento tra i materiali tradizionali dell'edilizia, quali pietra, acciaio, mattone e tecniche più moderne come la prefabbricazione: è il caso della soluzione costruttiva della copertura del porticato, realizzata con volte a botte intirantate, mediante il montaggio di elementi modulari prefabbricati su disegno.

La dotazione del centro è completata da una serie di attrezzature che organizzano l'area esterna, quali percorsi e spazi di sosta, pergolato, campi da bocce, barbecue.

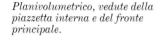

Planivolumetrico, vedute della piazzetta interna e del fronte principale.

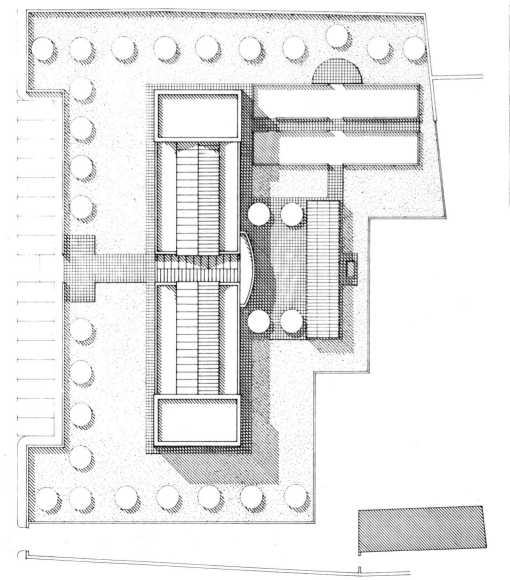

Renzo Piano Architect-
Building Workshop

con S. Ishida, F. Marano,
O. Di Blasi, L. Pellini
consulenti: N. Andidero,
Ove Arup & Partners,
M. Desvigne, M. Matarrese,
M. Milan, Studio Vitone
& Associati.

Nuovo stadio di Bari

Immerso nelle tipica vegetazione mediterranea della Puglia, il nuovo stadio di Bari si eleva sopra un profondo cratere. È solo in parte visibile dalla campagna circostante perché nascosto da una ricca vegetazione.

Lo stadio sembra un'astronave a forma di anello con, al centro, il campo di football e intorno, la pista di atletica, abbassata rispetto al campo e fiancheggiata dalle tribune.

Il disegno geometrico delle tribune consiste in un sistema radiale di 26 raggi che garantisce una sicurezza maggiore e permette al pubblico di sfollare più facilmente verso il parcheggio.

Lo stadio è concepito per accogliere 60.000 persone, tutti posti individuali, sotto una copertura di teflon, agganciato agli spalti superiori e a cui sono fissati in linea continua dei riflettori.

La tribuna è costituita da 312 grandi elementi prefabbricati a spicchio, assemblati in opera con cemento.

Altre funzioni, come i bagni, gli uffici, i bar ed altri servizi ancora, sono dislocati in cima al pendio sotto il portico creato dalle tribune superiori.

L'edificio della stampa è ubicato in un luogo a parte in comunicazione diretta con la tribuna riservata ai giornalisti.

Sotto le tribune corre un lungo passaggio interno che oltre a servire da uscita d'emergenza distribuisce gli spogliatoi, le quattro palestre e gli impianti.

L'edificio sembra avvolto e insieme sospeso nella vegetazione: affondato quasi interamente nel cratere artificiale ne fuoriesce solo con gli spalti superiori.

Il pubblico non ha accesso diretto alle tribune dai parcheggi in quanto deve attraversare una zona verde intermedia leggermente in pendenza.

Il verde, piantumato a parco con grandi pini, tende a neutralizzare gli effetti del surriscaldamento dell'asfalto con una considerevole influenza sul clima interno dello stesso stadio.

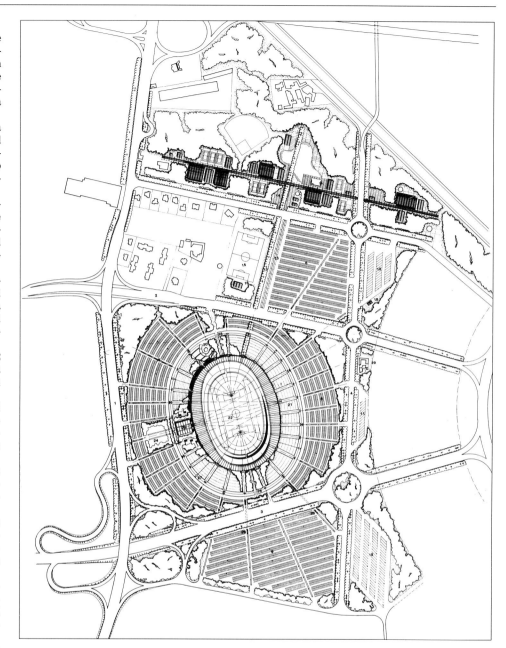

Planimetria generale dell'intervento, sezione e prospetto corrispondente.

Dettagli degli spalti e veduta prospettica corrispondente.

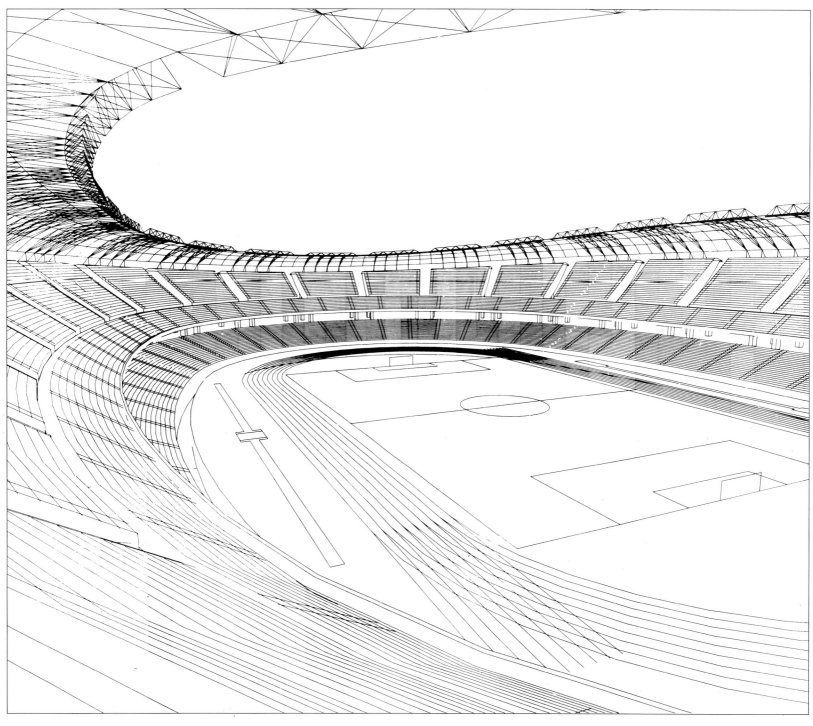

Veduta generale e piante di un settore ai diversi livelli.

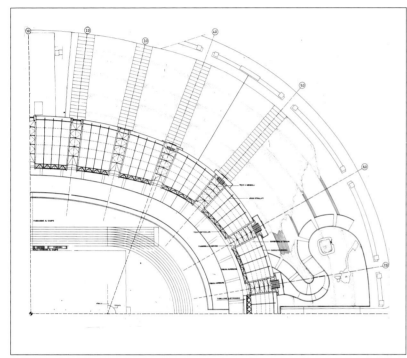
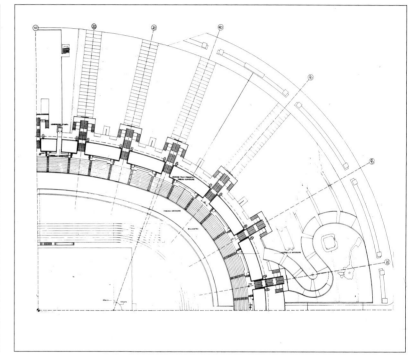
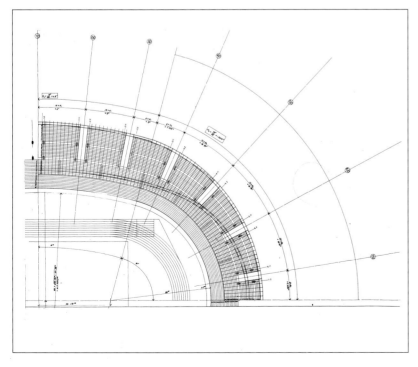
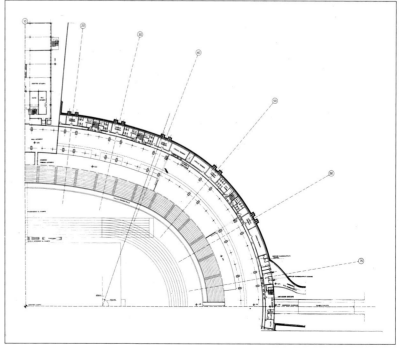

*Veduta complessiva dell'esterno.
Dettaglio degli spalti coperti.*

Attilio Pizzigoni

Cappella per servizi cimiteriali nel cimitero comunale di Zandobbio (Bergamo)

Il progetto per l'ampliamento del cimitero di Zandobbio si articola in un ampio recinto che, circondando totalmente l'area dell'attuale cimitero, lo riperimetra e contemporaneamente lo isola dal contesto esterno caratterizzato da una campagna sempre più frantumata e aggredita dall'avanzare dell'urbanizzazione.

La presenza di un'antica chiesette romanica risalente al X o all'XI secolo, impreziosita da affreschi absidali di diretta derivazione bizantina, ha motivato la scelta progettuale di ampliarla salvaguardando il carattere del luogo e isolandola da una brutale frontalità con l'espansione residenziale e artigianale circostante.

La cappelletta dei servizi cimiteriali, destinata all'uso di camera mortuaria con due piccoli locali di servizio, costituisce il nodo edilizio su cui si innesta il disegno del nuovo ampliamento: dagli assi ortogonali della sua pianta ottagonale nascono i bassi porticati di tale nuova perimetrazione.

Soltanto l'ampliamento della cappella è stato realizzato, mentre per ragioni economiche è stato rimandanto il completamento dei porticati perimetrali.

Il diretto rapporto con l'abside e il campanile dell'antica chiesetta romanica ha guidato la scelta dei materiali di finitura, sia per la muratura a vista con pezzature in marmo del sito sbozzate a mano e posate a corsi irregolari, sia per la copertura realizzata a scaglie circolari di pietra nera.

Due sono le suggestioni formali che hanno contaminato l'articolarsi del disegno: la prima è derivata dalla ricorrenza tipologica dei portici allungati alle cappelle votive seicentesche erette in molte contrade lombarde ai tempi delle epidemie di peste; la seconda, certo legata a una più soggettiva circostanza, nasce da una meditazione sulla tipologia brunelleschiana del tempio degli Angeli o del fascino di un rapporto irrisolto tra pianta ottagonale e copertura conica.

Ma il tema vero e proprio di questo progetto è legato al tentativo di dialogare con una campagna fatta di campi arati e di strade sterrate, di sentieri e di siepi, alla ricerca di una architettura povera e sacra ad un tempo.

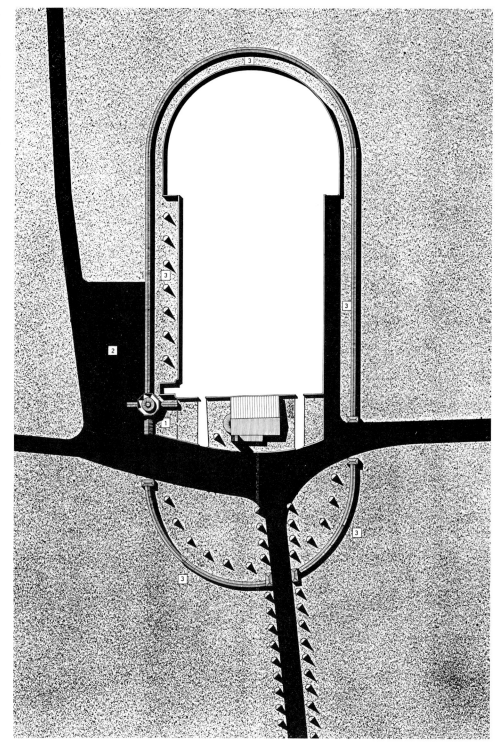

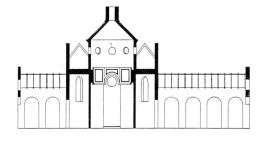

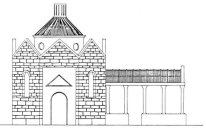

Planivolumetrico, sezione e prospetto della nuova cappella. Vedute del fronte d'ingresso e prospetto corrispondente.

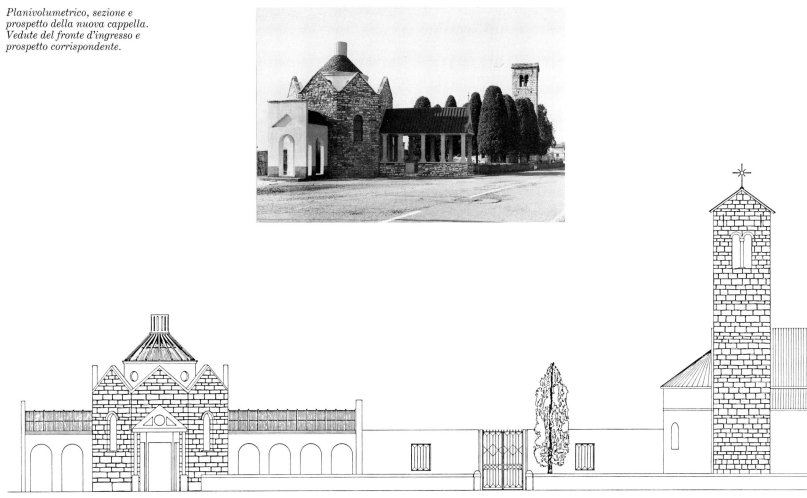

Paolo Portoghesi,
Vittorio Gigliotti,
Sami Mousawi

con M. Alamanni, M. Bernabò,
P. Brega, A. Durbè, M. Sidawi,
G. Palma, A. Pancho, D. Saccares
consulenti: C. Cassinis, G. Grassi,
G. Guj, T. Laurenzi, G. Parolini,
E. F. Radogna, A. Ressa,
A. Spirito

Moschea di Roma

L'intero complesso comprende la moschea principale, capace di ospitare 2000 fedeli, e il centro culturale, con una piccola sala di preghiera per uso giornaliero, una biblioteca dotata di una vasta collezione di libri di cultura islamica dell'occidente, un auditorium per 400 persone, spazi espositivi, sale di rappresentanza, sale di riunione, uffici, ampi parcheggi e giardini.

Per la conoscenza e la comprensione reciproca tra romani e musulmani il centro islamico culturale d'Italia ha assunto l'impegno di mettere a disposizione del comune di Roma le proprie attrezzature culturali.

L'inserimento urbanistico nel territorio è stato attuato con la nuova realizzazione dell'infrastruttura stradale di collegamento tra il centro della città e l'area della moschea, secondo il tracciato stradale riportato nel piano regolatore di Roma, e con la costruzione delle strutture necessarie per rendere agibile, al servizio dei cittadini la vicina stazione della metropolitana Roma-nord.

È stato inoltre assunto con il comune di Roma l'impegno di trapiantare sull'area della moschea 120 pini di alto fusto della stessa essenza di quelli esistenti su monte Antenne.

È nel trattamento dei materiali, però e nella loro scelta, che si è voluto nel modo più stretto definire il rapporto con l'ambiente urbano, scegliendo per le facciate i mattoni color paglierino, utilizzati secondo il sistema dell'*opus testaceum* (levigando il mattoncino sui lati a contatto con la malta e sulla superficie esterna, così che lo strato di malta risulti inferiore al millimetro). Questa tecnica, squisitamente romana, la ritroviamo nei sepolcri patrizi di Roma imperiale, e poi nel XVI secolo, con Antonio da Sangallo, nel palazzo Farnese; ancora, la ritroviamo nel XVII secolo, con Borromini, nella facciata dell'oratorio dei Filippini e, infine, nel XVIII secolo, nella scalinata di piazza di Spagna.

Nelle venature dei gradoni che incorniciano le finestre, accanto alla parete laterizia, appaiono il travertino e il peperino, che rievocano accostamenti di colore e tessiture materiche tipiche della città.

Le coperture delle cupole sono rivestite in piombo, riesumando le tecniche costruttive romane rinascimentali e barocche.

Nelle scelta di carattere tipologico si è preferito riferirsi al modello di moschea che caratterizza la fase arcaica e classica dell'architettura islamica, quello cioè della sala quadrata o rettangolare, in diretta connessione con una corte, con la copertura sostenuta da pilastri che suddividono lo spazio in cellule. Il corpo centrale della moschea di Roma, riservato alla preghiera degli uomini, è costituito da un prisma a pianta quadrata, ricoperto da una grande cupola centrale e sedici cupole minori laterali.

Sulla parete della Kibla, rivolta alla Mecca, particolare importanza è stata data alla nicchia del Mihrab, che acquista spicco attraverso la luce, ricordo, secondo la tradizione islamica, della presenza del profeta e insieme immagine astratta della divinità.

Per quanto riguarda gli elementi architettonici costitutivi si è voluto creare con mezzi specifici dell'architettura moderna quell'effetto di leggerezza, di smaterializzazione, di paradosso statico che nella tradizione architettonica islamica del periodo classico era ottenuto con strumenti linguistici e tecnologici diversi, tipici di situazioni storiche e geografiche determinate.

Gli elementi di sostegno sono pilastri polistili ottenuti dall'accoppiamento di quattro unità a sezione quadrata che in alto si allargano riproducendo il gesto delle mani aperte nella preghiera o la forma simbolica della palma. Per le cupole che coprono ciascuna delle cellule spaziali formate dalla rete di pilastri si è adottato il principio, tipico dell'architettura islamica, degli archi intrecciati.

Sia i pilastri che gli archi, prefabbricati in calcestruzzo cementizio bianco, sono realizzati con speciali misture di cemento bianco con pietrisco e sabbia di marmo bianco di Carrara, con esaltante risultato estetico: l'elemento strutturale portante delle cupole diventa, senza altre aggiunte, elemento decorativo finito e caratterizza in maniera straordinaria, sullo sfondo delle sovrastanti cupole, lo spazio architettonico della sala di preghiera.

La finitura della superficie interna della copertura della sala di preghiera è stata realizzata con una particolare applicazione dello stucco da encausto, una tecnica largamente usata nell'antichità dai greci e dai romani.

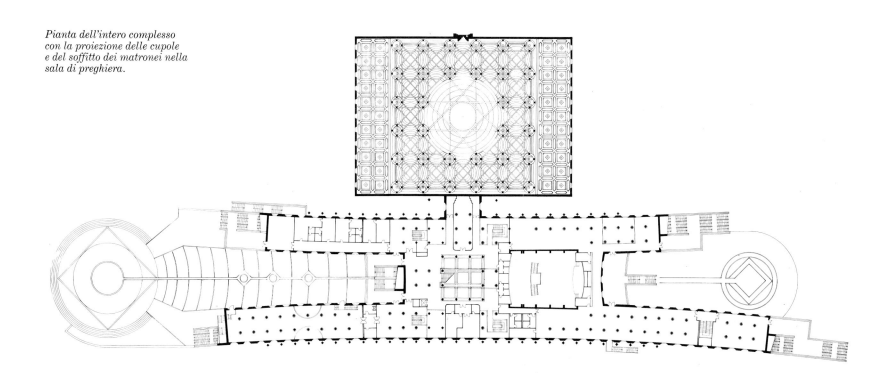

Pianta dell'intero complesso con la proiezione delle cupole e del soffitto dei matronei nella sala di preghiera.

Sezione del Centro culturale islamico, sezione sulla sala di preghiera e prospetto del complesso.

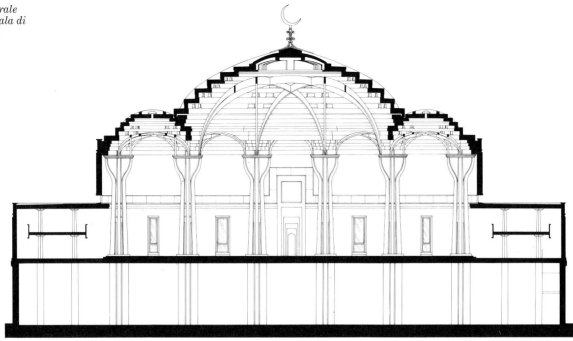

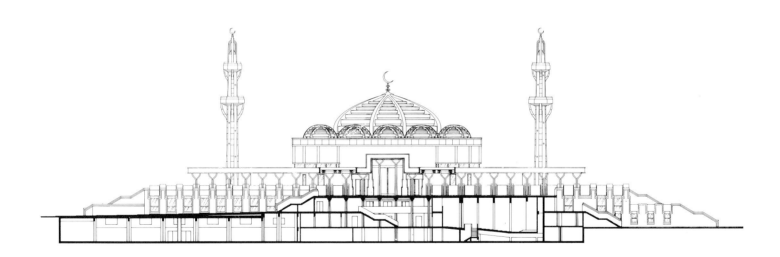

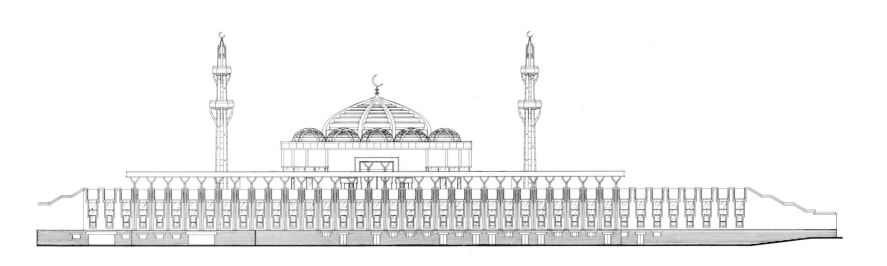

Veduta dei pilastri del Centro culturale islamico, interno e fronte esterno della sala di preghiera.

Vedute degli interni della sala di preghiera.

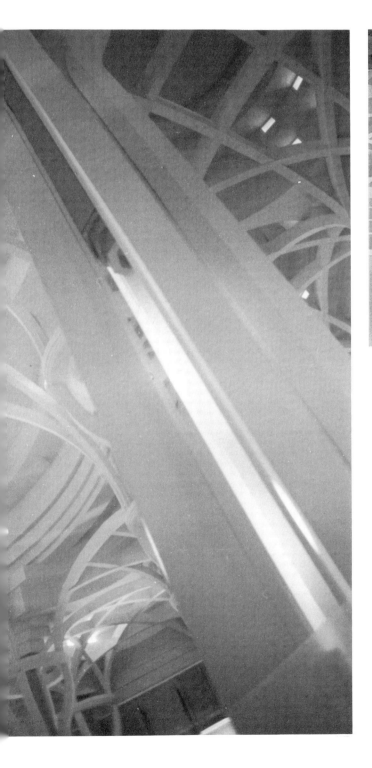

Carlo Pozzi,
Antonio Conte

Il giardino delle attività sportive a Pomarico (Matera)

L'occasione posta da questo tema di progetto è innanzitutto il poter sviluppare quel rapporto tra Pomarico e la natura che è stato fin ora ignorato, rimosso o contraddetto. Il paese è costruito su pendici e su sottili crinali spartiacque, in un territorio dove proprio le colline e le valli circostanti sono state gli elementi di fondazione degli insediamenti, ma oggi si presentano come impedimenti al suo sviluppo: eccessivi carichi edilizi, pericoli di frane, l'abbandono di taluni versanti.

Assumiamo quindi il rapporto tra la città e i suoi elementi naturali, la campagna e il territorio circostante, come spunto per la trasformazione in centro urbano di un agglomerato di case, per ridare un significato a Pomarico.

Il rapporto tra città e territorio viene visto con un cambiamento di prospettiva: non la città che guarda la campagna, ma il territorio come luogo di possibili punti di vista. In tal senso il progetto è stato elaborato, e ormai in buona parte realizzato, su una orditura di assi che strutturano il nuovo insediamento avendo come "fuoco" un punto di vista qualificato nel territorio; l'immagine dalla valle sarà quella tipica delle architetture che strutturano i versanti; le murature e gli archi dei contrafforti, opere di ingegneria ancor prima che ricerca di ordine estetico, saranno forme che esprimono a un tempo la loro bellezza e imprescindibile necessità. La struttura, che si curva a modellare e contenere il terreno, alloggia all'interno gli spogliatoi e altri servizi dei campi sportivi; questi ultimi sono ricavati sul pianoro superiore, e le scale relazionano il livello della strada con quello delle attività sportive.

Questo asse puntato sul territorio è costituito da un muro che si apre dischiudendo una lama d'acqua che unisce monte a valle, in una sequenza di canali, vasca e abbeveratoio oltre il muro.

Il portico ricavato nel muro di contenimento è realizzato in mattoni artigianali con un coronamento di pietra di Trani o Apricena sabbiata: questa pietra costituisce il materiale dei rivestimenti dell'intera fontana.

Il fronte degli spogliatoi verso valle è in vetrocemento scandito dal passo di elementi strutturali in grandi profili di acciaio. Il terreno soprastante è diviso in due parti dal canale della fontana, scavalcato da un ponticello in grigliato di ferro zincato. La prima parte è un'area pianeggiante che sormonta gli spogliatoi e si affaccia con una lunga balconata sul territorio; questa parte alloggia un campo per il tennis e un campo polivalente e vi si accede, oltre che dalle scale lungo la fontana, dalla serpentina del percorso-vita inserito in una pineta preesistente. La seconda parte è strutturata a terrazzamenti sui quali sono ubicati due campi da bocce e gli spazi dedicati ai bambini. Tra i due campi si snoda il viale dei melograni che conduce alla balconata panoramica. I terrazzamenti sono segnati da un filare di palme verso la città e da filari di cipressi nei terrazzi sottostanti.

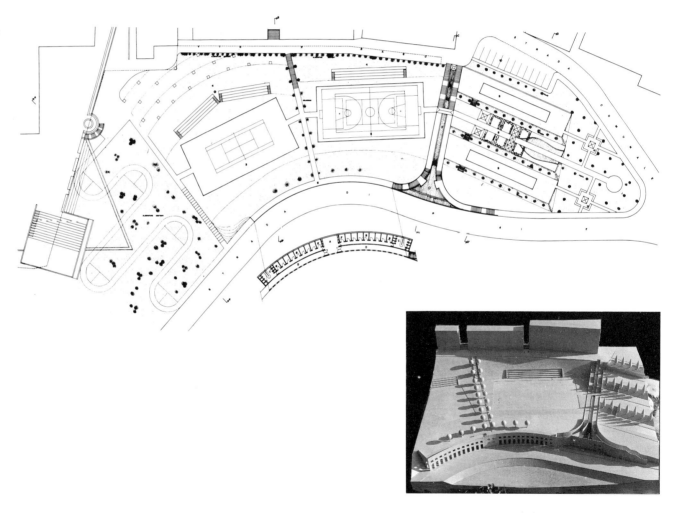

Pianta generale dell'intervento, veduta del modello e fronte dell'edificio curvo degli spogliatoi.

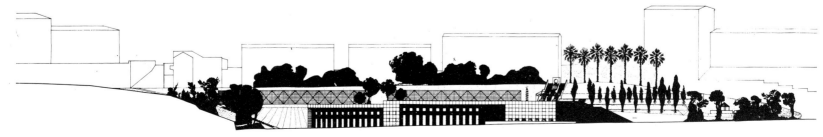

Vedute dell'edificio degli spogliatoi.

Franco Purini, Laura Thermes

Le nuove piazze di Gibellina (Trapani)

Le piazze di Gibellina si confrontano con il paesaggio siciliano. Simili ad una larga strada porticata esse creeranno un luogo di ombre mentre il ritmo delle campate costruirà la memoria di una "città parallela".

I due portici che le costeggiano si configurano come due lineari spazi di sosta e di socializzazione. Costeggiando le case, costituiranno l'occasione per la riqualificazione del tessuto urbano circostante. Nello stesso tempo si pongono come dispositivi di polarizzazione e di riconoscibilità del tracciato.

Le piazze tendono inoltre a risolvere il problema di un luogo collettivo all'interno della città di Gibellina. Questo luogo è semplice e severo, definito da una geometrica pavimentazione in liste di granitello bianco che delimitano campi di granitello grigio; misurato da fontane e percorso al centro da un piccolo canale.

I portici tendono ad una espressione di arcaica forza: i pilastri in tufo con capitelli che incastonano delle piastrelle in ceramica multicolore sostengono una curva cornice aggettante in cemento armato a faccia vista, il cui estradosso è rivestito da un mosaico di frammenti in ceramica.

L'effetto plastico di questa architettura dovrebbe ricordare la densa staticità delle membrature dei templi di Agrigento mentre il recinto trasparente del portico richiamerà il vibrante perimetro di Segesta.

Questo progetto si inserisce nella quarta fase della città di Gibellina che cerca di interpretare i suoi complessi e anche contrastanti significati. Se è vero infatti che Gibellina è ormai una città d'arte, è anche vero che ad essa non corrisponde ancora quella stabilità che è il carattere principale di analoghi centri, nei quali la presenza dell'arte stessa sembra suggerire un ciclo ormai concluso. Per questo Gibellina è anche, contraddittoriamente, una città dell'avventura urbana, un laboratorio urbanistico e architettonico nel quale si elaborano modelli di respiro assoluto. Ma è anche, e di nuovo contraddittoriamente, una delle città più impegnate nella costruzione delle memorie perdute e nella costruzione di una nuova memoria.

Il progetto delle piazze si propone di contrassegnare questa fase della vita della città registrandone in forme antiche gli elementi più progressivi e mutevoli.

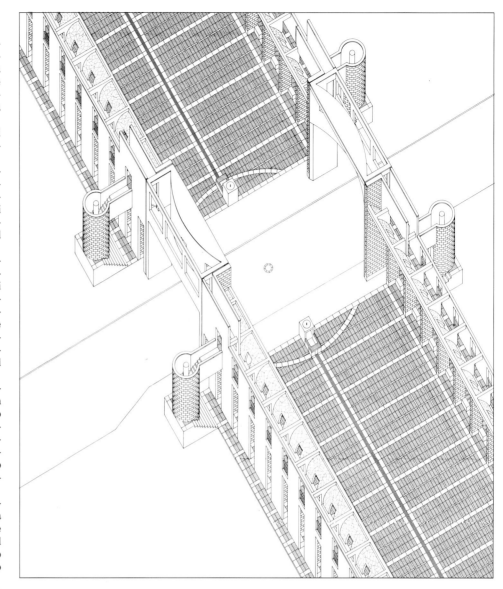

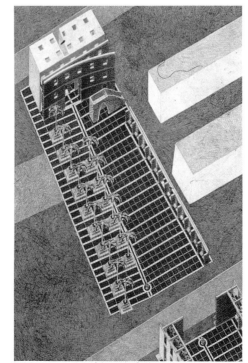

Disegni assonometrici del portale tra due piazze e delle due piazze terminali.

Prospettive dell'intero intervento e dell'ultima piazza e particolari assonometrici.

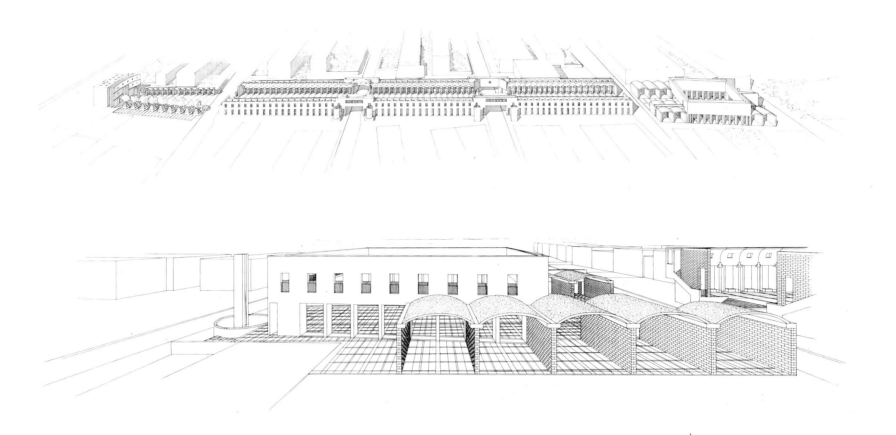

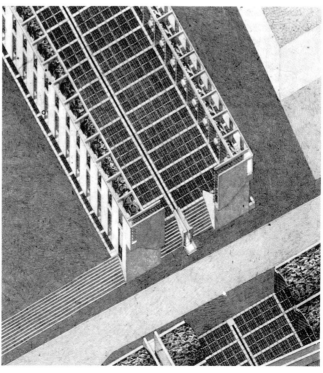

Vedute e dettagli dei portici.

Dante Rabitti, Rejana Lucci

Asilo e scuola materna a San Pietro a Patierno (Napoli)

L'edificio della scuola sorge lungo un lato del nuovo giardino pubblico di San Pietro a Patierno, il cui largo viale centrale alberato è l'asse portante di tutta una serie di attrezzature pubbliche che gravitano ai suoi lati.

La scuola è un basso edificio in mattoni a faccia vista, a un piano, composto dall'articolazione di tre distinti corpi di fabbrica: uno è un corpo lineare, che ospita gli uffici di entrambe le scuole, e che definisce con il suo sviluppo una cortina laterale del giardino pubblico. Su questo corpo si innestano perpendicolarmente gli altri due blocchi simmetrici che compongono l'edificio, e che ospitano rispettivamente gli ambienti dell'asilo nido e quelli della scuola materna.

Gli elementi che definiscono l'attacco tra il corpo lineare degli uffici e quelli posteriori delle aule sono in pratica due identiche strutture a portico, con pilastri quadrati di mattoni e tetto a due falde di metallo verniciato, retto da capriate a vista in ferro.

Dal prospetto anteriore sul giardino pubblico, i due porticati aggettano verso l'esterno creando due portali di ingresso distinti per le due scuole. Quindi attraversano perpendicolarmente il corpo degli uffici, e creano un attacco trasparente (con tamponature in vetrocemento) con i corpi posteriori delle aule. Qui diventano la spina centrale degli ambienti, di cui costituiscono in pratica il largo corridoio centrale. In due casi questo si dilata in grandi spazi collettivi che raggiungono l'intero spessore del corpo di fabbrica, ma la struttura del portico resta sempre inalterata, con i pilastri in mattoni che dividono lo spazio in campate diverse. Infine il porticato termina sul prospetto posteriore verso il giardino interno della scuola con un altro aggetto che definisce altri due portali di uscita retrostanti.

Anche la sistemazione del giardino della scuola, infine, riprende i due allineamenti definiti dai porticati e fa terminare questo percorso di attraversamento dei diversi spazi in due gradinate semicircolari in mattoni, entrambe circondate da un filare di alberi.

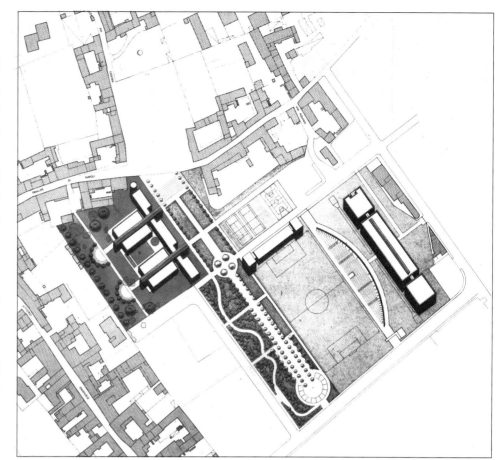

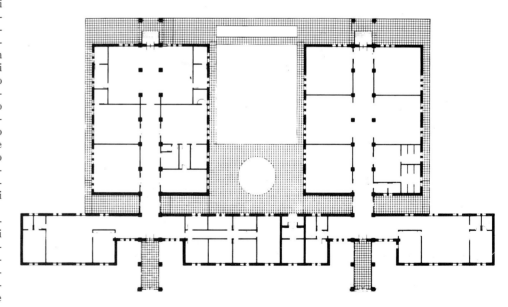

Planimetria generale dell'intervento, pianta della scuola e fronte sul viale alberato.
Vedute degli esterni e degli interni.

Dante Rabitti

Giardino pubblico e impianti sportivi a San Pietro a Patierno (Napoli)

L'area interessata da questo complesso è posta perpendicolarmente rispetto alla strada principale del nucleo antico di San Pietro a Patierno e raggiunge, dalla parte opposta, un asse viario di nuovo tracciamento.

L'elemento che dà la misura dell'intervento e costituisce l'asse portante dell'intero complesso di attrezzature è un giardino pubblico. Questo giardino è caratterizzato da un grande viale centrale pavimentato che si dilata, in sezione, fino a terminare con un episodio finale, costituito da un gazebo in metallo a pianta poligonale. Il disegno di questa prospettiva centrale è sottolineato da un doppio filare di alberi paralleli, simmetricamente disposti lungo il viale: il filare interno è di *prunus cerasifera*, alberello colorato e di limitata altezza, quello esterno è di *populus nigra*, alberi di prima grandezza; gli incroci e i punti particolari sono segnati da *quercus ilex* o *pinus pinea*.

Questo viale corre a una quota superiore rispetto alla strada esistente ed è raccordato a essa tramite una piazzetta semicircolare che supera il dislivello con ampie gradonate. Lo spazio, aperto verso la strada, costituisce l'ingresso al giardino e all'area delle attrezzature ed è segnato da due piccoli chioschi in tufo che ne definiscono l'accesso.

Al di là della strada, in prolungamento con questo intervento, è prevista la realizzazione di un'area di mercato all'aperto.

Per quanto riguarda le attrezzature sportive, queste sono costituite da un campo di calcio chiuso perimetralmente da un muro di tufo, che quindi disegna anche il confine verso il giardino, con gradonata per il pubblico sul lato opposto. Sul lato minore è collocato un piccolo edificio che serve anche i campi da tennis e per la pallavolo posti di fronte a esso.

L'edificio è composto da un corpo rettangolare a un piano, in posizione centrale, che ospita gli spogliatoi ed è porticato verso l'esterno; e inoltre da due blocchi cubici, posti sulle testate e di altezza maggiore rispetto al corpo centrale, che accolgono le palestre.

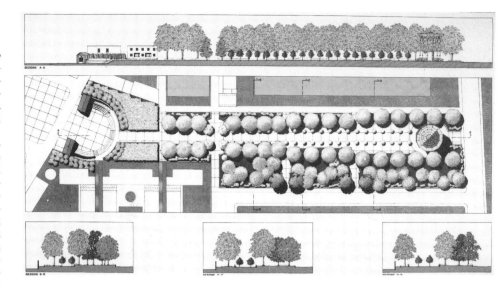
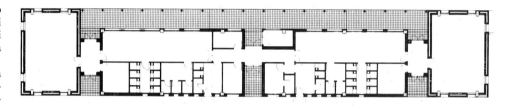
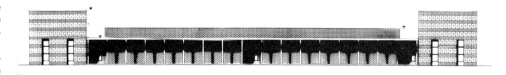

Planimetria del grande viale, pianta, fronti longitudinali e vedute dell'edificio di servizio.

Rita Rava,
Claudio Piersanti

Museo internazionale delle ceramiche di Faenza

L'attuale Museo internazionale delle ceramiche di Faenza è da alcuni anni sottoposto a una opera di ristrutturazione e nel contempo di ampliamento attraverso l'espansione in edifici limitrofi acquisiti negli anni recenti dall'amministrazione comunale.
Il primo ampliamento ha interessato un volume occupato da un fatiscente capannone artigianale che è stato demolito per costruirvi un nuovo edificio da adibire a struttura di servizi, laboratori e depositi. Nel successivo ampliamento in corso di progettazione, esso si raddoppierà, attraverso la eliminazione di un altro capannone, arrivando così ad estendere tali zone di servizi che si collegheranno con le aree del percorso espositivo.
La prima parte edificata contiene un piano di depositi – l'interrato – dove verranno alloggiate in modo ordinato e accessibile quelle ceramiche che non sono in esposizione, a disposizione comunque degli studiosi e di chi ne faccia richiesta; il piano terra con una hall d'entrata è destinato interamente al laboratorio di restauro e all'annesso gabinetto fotografico con sala di posa e camera oscura. Il piano superiore, infine, è di pertinenza dei diversi studiosi che collaborano col museo per la redazione di cataloghi e per ricerche specifiche: necessitano anch'essi della accessibilità diretta alle ceramiche, agli schedari, archivi fotografici ecc. che sono alloggiati nei soppalchi distribuiti nelle zone più alte.
L'edificio, appena ultimato, ha una superficie utile di 1500 metri quadrati; situato nel centro storico in un'area densamente popolata da edifici ricostruiti nel dopoguerra e quasi circondato da essi, questo primo ampliamento ha solo due lati parzialmente liberi, quello che dà sulla strada di accesso e quello opposto che si apre sul cortile retrostante l'attuale museo.
Le aperture sono state dunque ridotte al minimo e concentrate in quei punti che permettono una gradevole vista, mentre la gran parte dell'illuminazione naturale è assicurata da un complesso cavedio vetrato al centro dell'edificio. In questo modo la costruzione si rivolge per lo più al suo interno, eccetto alcune visuali privilegiate che ne assicurano un legame con il contesto; i vari piani sono tutti otticamente collegati, dall'interrato fino ai soppalchi del piano superiore. La necessità di avere una divisione dei vani non troppo marcata, con vasti ambienti di lavoro aperti, aiuta a conservare questa estensione di vedute.
All'interno ogni vano è distinto volumetricamente: non esistono cioè stanze uguali o simili, ma ciascuna ha caratteristiche spaziali che ne rendono immediata l'identificazione; gli stessi corridoi di collegamento sono per lo più non rettilinei. L'illuminazione naturale che giunge all'interno è intensa, riducendo a poche occasioni la necessità dell'apporto artificiale; questo grazie anche alla particolarità delle aperture che riescono con la loro forma e disposizione a illuminare anche le zone sotterranee.
Essendo dislocato nel centro storico, si è preferito per la copertura non adottare un tetto piano ma a falde, rivestito in rame.
Il lato verso la strada (e l'edilizia intensiva) è quello più alto, di lì le falde scendono abbassandosi verso il cavedio – che raccoglie così luce in maggiore quantità – e verso il cortile, dove il volume complessivo si presenta molto più contenuto e non incombente.
Completamente diversi tra loro sono anche i lati esterni liberi: essendo non in contatto visivo si presentano l'uno come una massiccia muraglia di mattoni con poche aperture – sorta di merli di una moderna fortificazione – mentre l'altro è una cascata di rame che riutilizza il mattone naturale solo nell'ultimo tratto e nella pavimentazione.
I mattoni sono stati in certi punti smaltati in due colori per creare una decorazione che si rifà ai primordi dell'uso della ceramica in edilizia. Unico accenno questo al fatto che di museo delle ceramiche si tratta, in una città che nella storia ha fatto di tale materiale il proprio simbolo, e bisogna quindi di mostrarne accenni e interpretazioni anche nei suoi contesti pubblici.

Dettaglio di un fronte, sezione prospettica e piante ai diversi livelli.

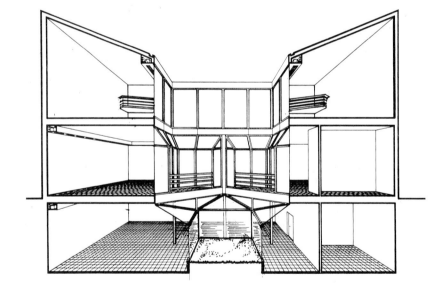

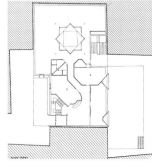 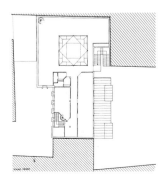 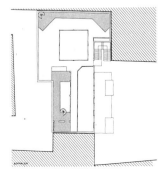

Agostino Renna,
V. Biasibetti,
F. Escalona,
M. La Greca,
V. Patitucci

Casa comunale a Monteruscello (Napoli)

Situata nel centro del nuovo insediamento, la piazza Civica di Monteruscello è posta a mezza costa rispetto al declivio della collina; aperta a valle verso il panorama, è definita a monte dalla grande loggia commerciale e sugli altri due lati dai fronti gemelli della casa comunale e del presidio sanitario.

Gli edifici pubblici della piazza belvedere confrontano il loro carattere con quello degli edifici residenziali che li circondano: alle tecniche ripetitive e alla rigidità formale delle case in prefabbricato contrappongono una dimensione e un linguaggio più pacato e familiare.

La casa comunale, costruita su di un lotto di 20 x 63 metri, è articolata su tre livelli di cui uno parzialmente interrato a compensare il dislivello.

Il fronte principale prospiciente la piazza Civica, costruito simmetricamente rispetto al portale d'ingresso, è composto da un basamento e da un doppio ordine di aperture, interrotto da una cornice neoclassica.

Il basamento è segnato da una fascia di marmo che si raccorda con lo scalone di ingresso e con la balaustra della piazza belvedere.

Il rivestimento è intonacato azzurro e le cornici sono in stucco bianco. Gli altri tre lati dell'edificio hanno tono più dimesso; il disegno della facciata, senza partiture né cornici, è affidato unicamente al ritmo delle finestre con la sola eccezione della grande vetrata dell'atrio.

L'ingresso principale dalla piazza Civica, introduce al livello intermedio dell'edificio, un vero e proprio "piano nobile" caratterizzato da due grandi sale, l'anagrafe e l'aula assembleare, e da un atrio tetrastilo.

A sinistra dell'ingresso, la sala dell'anagrafe si sviluppa su due livelli con uno spazio centrale a doppia altezza definito da un ballatoio.

A destra è situata l'aula assembleare, alta 6,85 metri, misurata da otto colonne nere con cerchiature in ottone. L'importanza della sala è sottolineata dall'uso più ricercato delle finiture e di partiture decorative alle pareti.

Di fronte all'ingresso, l'atrio tetrastilo a doppia altezza, illuminato da una grande vetrata, unifica spazialmente i due livelli principali dell'edificio. Intorno a esso sono disposti le scale, gli ascensori principali e alcuni uffici direttivi.

Il piano superiore è costituito da uffici di varia grandezza e funzione, distribuiti da un corridoio centrale. Il piano seminterrato, presenta ancora uffici e archivi della sezione anagrafica.

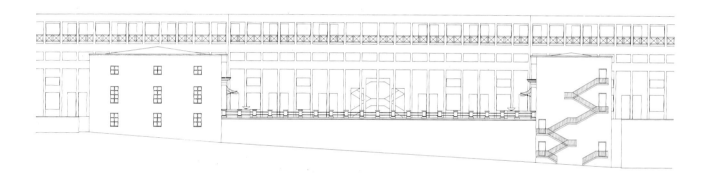

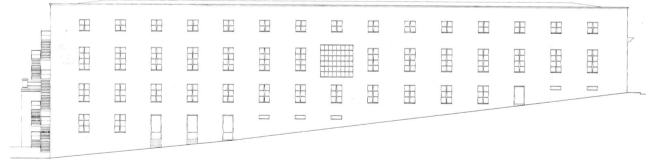

Fronte a valle della piazza Civica con le testate della casa comunale e del presidio sanitario. Retro del presidio sanitario, fronte principale e dettaglio dell'ingresso alla casa comunale.

Dettagli della sezione trasversale e longitudinale dell'ingresso e piante della casa comunale.

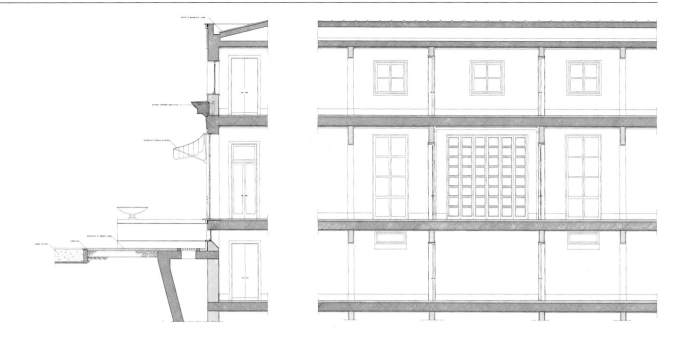

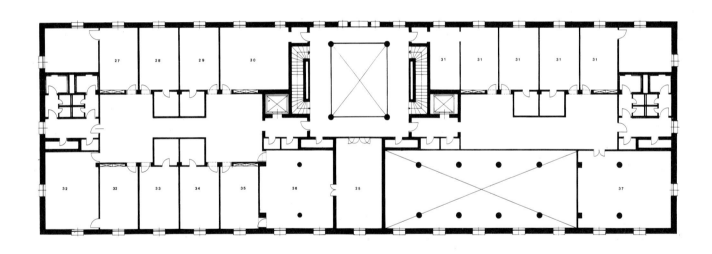

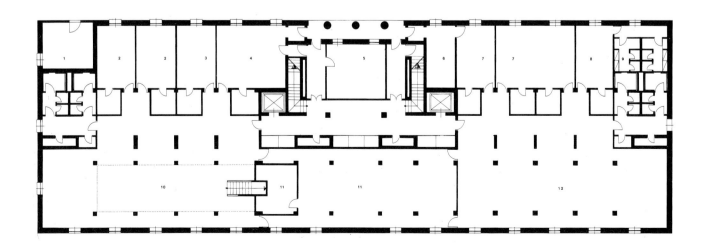

Fronte principale e dettagli dell'interno della casa comunale.

Giancarlo Rosa

Cimitero di Voltabarozzo a Padova

Il nuovo cimitero di Voltabarozzo, posto all'estremità dell'abitato lungo la costruenda tangenziale, potrà servire il quadrante sud-est esterno alle mura della città di Padova e più precisamente le zone di Voltabarozzo, Crocefisso, Sant'Osvaldo, Forcellini e Madonna Pellegrina.

Il progetto è stato studiato per una eventuale esecuzione in due fasi successive, comprendendo la prima i vari tipi di sepoltura e i servizi necessari alla piena funzionalità.

Il cimitero è composto da un corpo di fabbrica perimetrale lungo i tre lati nord, est e ovest ed è delimitato verso sud da un muro, in parte alto 2,50 metri dal piano di campagna, in parte alto quanto l'intero edificio adiacente. Sull'asse mediano nord-sud è posta la cappella e l'antistante ossario comune.

Il lato est accoglie al piano rialzato (quota dei campi di inumazione) il portale dell'ingresso pedonale, il locale portineria, con attigui servizi per il personale addetto al funzionamento e alla manutenzione del cimitero, l'ingresso carraio e i locali destinati a deposito materiali, necessari per i lavori interni al cimitero.

Al piano superiore si trovano i colombari posti, come negli altri lati, in gruppi simmetrici affacciati su stanze aperte sul percorso che corre lungo i tre lati del cimitero, ora come portico e ora come ballatoio.

Il lato nord accoglie i colombari al piano rialzato e al primo piano, suddivisi in due settori, nonché gli ossari al piano inferiore, che è a diretto contatto con una strada carrabile.

Questa strada, delimitata da un muro, corre lungo tutto il fronte nord, permettendo l'accesso ai due ascensori che raggiungono i piani superiori e sono localizzati in modo da servire tutti i colombari. Sempre con accesso diretto dalla strada carrabile sono localizzate la camera mortuaria e la sala autopsie.

Il lato ovest accoglie, analogamente al lato nord, gli ossari al piano seminterrato e i colombari al piano rialzato e primo.

Il cimitero è servito da due percorsi longitudinali principali: quello carraio, che si configura come un pergolato, fino a raggiungere, al centro, la cappella e i servizi annessi, e quello pedonale che partendo dal portale di ingresso – segnato da due colonne isolate, che fin dal tempio di Gerusalemme appartengono alla iconologia ebraico-cristiana – attraversa il padiglione posto nel "cortile delle cerimonie" e s'incunea in un porticato fino a raggiungere, antistante alla cappella, la "corte delle memorie" ove saranno collocate le lapidi commemorative e i monumenti; al di sotto del piano della corte è collocato l'ossario comune; all'interno della corte si trovano inoltre due collegamenti verticali: una scala e un sistema di rampe che dà accesso ai diversi livelli del cimitero.

L'area cimiteriale risulta quindi essere divisa in quattro diversi quadranti dei quali due sono destinati a campi di inumazione per adulti, uno a campo di inumazione per fanciulli, mentre l'ultimo è destinato ad accogliere le cappelle private.

Lo spazio destinato alle cappelle di famiglia è stato definito con precise linee di inviluppo planivolumetrico e deve quindi intendersi rigidamente vincolato; si prevede la possibilità di realizzare le strutture unitariamente per tutelarne l'immagine complessiva. Ogni cappella fruisce di una piccola cripta sotterranea, e dispone di quattordici loculi. Sono previste sedici cappelle di famiglia.

La struttura dei corpi di fabbrica è in cemento armato a parete piena continua, e a pilastri con tamponamenti in blocchetti a vista o in muratura di laterizi intonacati. La cupola della cappella è in cemento armato su cassaforma a calotta sferica prefabbricata. Alcune strutture minori di copertura sono in ferro, come tutte le ringhiere e balaustre. Esclusivamente in ferro e vetro è la lanterna della cupola. Le pavimentazioni sono in pietra naturale e artificiale, levigata per gli interni, a superficie scabra per gli spazi scoperti.

Dettaglio di un viale interno, veduta prospettica e pianta.

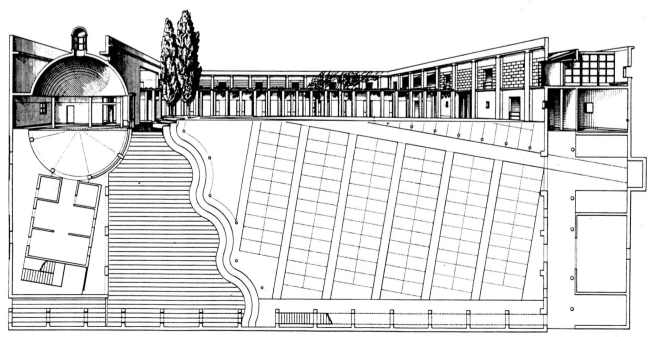

Veduta dell'ingresso, pianta del seminterrato e prospetti.

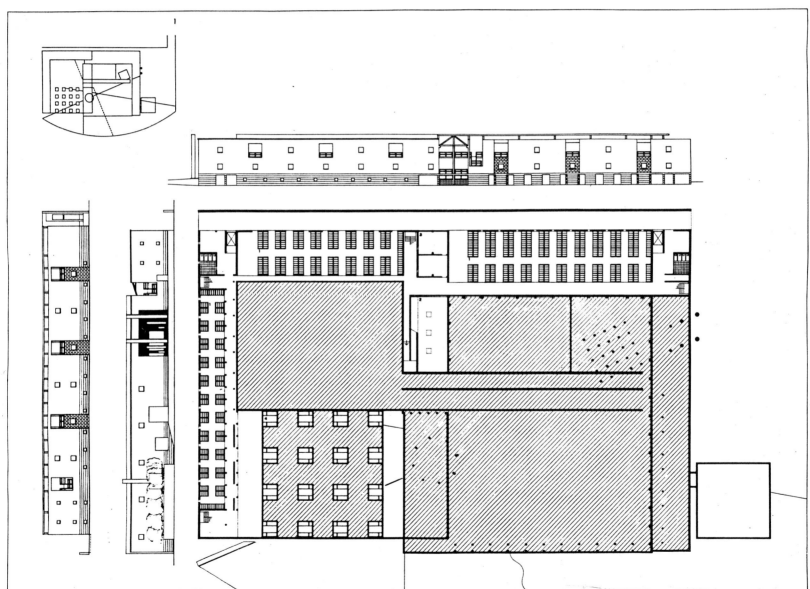

Dettaglio dell'interno, pianta del piano terreno e sezioni.

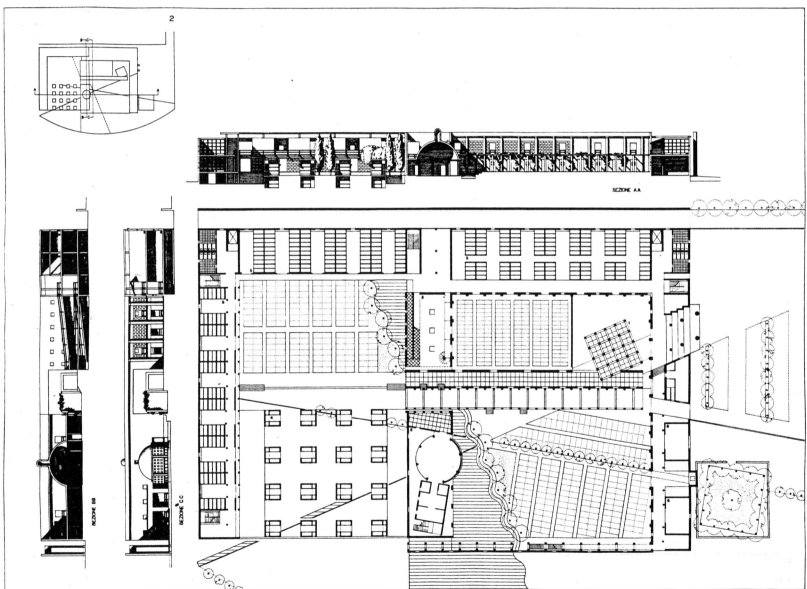

Aldo Rossi,
Ignazio Gardella,
Fabio Reinhart,
Angelo Sibilla

La ricostruzione del teatro Carlo Felice a Genova

La modestia, e l'orgoglio, di questo progetto sta nell'avere respinto ogni facile invenzione, ogni etichetta formale, ogni impostazione puramente funzionalista o tecnicista. Il nuovo teatro deve essere una architettura di rilevanza civile, ciò che appunto gli antichi chiamavano "architettura civile". Il respingere ogni tentazione puramente funzionalistica o tecnicistica non significa appunto rifiutare la funzione e la tecnica ottimale; le tavole del progetto, i singoli studi, così come le relazioni, dimostrano questo "ad abundantiam". Ma sappiamo, da tecnici moderni, che non esiste un carattere ottimale a priori; solo lunghe scelte, prove, soluzioni relative a condizioni precisate ulteriormente stabiliranno l'ottimo.

Così le invenzioni formali o il bizzarro, sia esso moderno o antico, non riguardano l'architettura che si è chiamata "civile".

Se ci riferiamo al dibattito contemporaneo in architettura sappiamo del trionfo dell'architettura detta "post-moderna"; un movimento che, sviluppatosi per reazione all'estraniamento dell'architettura "moderna", trionfa oggi in Europa come negli Stati Uniti.

In realtà l'architettura di questo teatro non è né "moderna", né "post-moderna"; essa è architettura. Ed è un'architettura che conforma una parte di Genova, ed è inserita nella sua storia e nel suo futuro. Così essa dovrà essere giudicata non solo dai critici di arte o altri addetti ai lavori, ma dai genovesi e dagli amministratori della loro città che li rappresentano. E dalla vera cultura moderna che non conosce confini comunali o nazionali. Possiamo dire ancora due cose rispetto alla ricostruzione della parte neoclassica e delle scelte progettuali: nessuno più è disposto ad alterare o distruggere o non ricostruire gli edifici storici; il futuro della città è qualcosa di più complesso della possibilità di avere qualche edificio "moderno" nel centro storico. Inoltre è bene dire che questa posizione, nata da un ricco dibattito culturale dopo la distruzione delle città d'Italia e d'Europa "sia ad opera della guerra che ad opera della speculazione", si traduce oggi in precise disposizioni amministrative e legislative. Allora l'edificio storico diventa scelta progettuale come pure la grande torre scenica diventa scelta progettuale. Questo non significa che la scelta della torre così come essa è non sia la scelta architettonica caratterizzante. Essa diventerà un punto di riferimento di Genova; come le torri romaniche e gotiche delle città d'Europa, le cattedrali, i grattacieli di New York. Perché una grande costruzione civile genovese non dovrebbe misurarsi con questi esempi? Quale soggezione provinciale dovrebbe avere Genova rispetto alle altre grandi città del mondo? Il materiale principale dell'edificio è la pietra, poi l'intonaco e il ferro. Anche questa scelta è ben precisa. I "nuovi materiali" si sono disfatti in poco tempo; ciò che si credeva innovazione era spesso dettato dalla pura speculazione. Cemento a vista, grandi vetrate, metalli che dovevano dare l'immagine di un nuovo, perfetto ed efficiente, hanno conformato edifici che sono oggi cadaveri dell'architettura, così detta moderna. L'uso della pietra non è quindi rinuncia tecnica, o scelta formalistica, ma scelta meditata. Dall'altra parte – sia detto per inciso – nel paese tecnologicamente più progredito si ricoprono i grattacieli in granito e pietra, da New York al Texas.

Inoltre la parte terminale dei grattacieli, il cornicione o "top", non è più, e non è mai stato, un affare privato degli architetti; esso deve inquadrarsi nel profilo della città.

Esso è anzi un elemento importante del profilo della città. Ancora per inciso si ricorda la milanese torre Velasca che durante la sua costruzione fu attaccata da ogni parte e soprattutto perché modificava il profilo urbano. È noto che oggi questa torre non solo determina il profilo della città, ma la sua immagine è tra le immagini simboliche ambrosiane ed è tanto cara alla gente più semplice quanto alle più sofisticate pubblicazioni internazionali d'architettura.

Questa descrizione dell'esterno del progetto è anche la descrizione del suo interno; una buona architettura costituisce un corpo unico; a partire dal Pantheon ogni buona architettura mostra nel volume e nella facciata la propria sezione.

L'ingresso all'edificio è una piccola piazza coperta, quasi un "foyer" aperto alla città; in esso si può confluire da diverse direzioni. Questa piazza coperta, sia pure limitata, è un aspetto particolare del progetto e interpreta lo spirito del teatro; la gente si ferma o passa in una zona che è come un filtro, tra la città e l'edificio del teatro. Da qui si accede all'atrio interno dove le scale sono poste chiaramente in posizione frontale; da questa scala si sale alla grande cavea.

Nel foyer sovrastante, un'apertura conica, come un grande camino, attraversa tutta la sezione; dai vari piani ci si può affacciare su questa cupola singolare dove la luce zenitale scende fino a proiettare un cerchio di cielo sulla piazza di ingresso. La luce zenitale è raccolta da una lanterna poligonale, una piramide sfaccettata; è questo un piccolo e prezioso elemento che si sovrappone alla ricostruzione filologica dell'edificio del Barabino. Come gli archeologi che segnano con minuscoli risalti i differenti tempi degli edifici restituiti alla luce.

La grande sala occupa tutto l'interno dell'edificio antico: la sala è una cavea, una superficie degradante a gradoni dall'alto fino al palcoscenico. Questa cavea accoglie la grande maggioranza dei 2.000 spettatori, mantenendo le distanze nella media di quelle offerte dai manuali e dalla tradizione. Pochi altri spettatori si trova-

Planimetria generale.

no sulle balconate laterali e possono godere di buone condizioni visuali e acustiche. Alcuni palchi, per situazioni e usi particolari, si trovano sulla parete prospiciente il palcoscenico.

Questa cavea è la soluzione "necessaria" per un teatro moderno; essa era già stata disegnata da Carlo Scarpa e sarebbe stata così disegnata da ogni buon architetto. Dopo il teatro di Bayreuth non vi sono alternative almeno per sale di una dimensione di 2.000 persone e con spettacoli non registrati.

La forma della cavea è la forma naturale del teatro e meglio rappresenta, da sempre, la sua parte più viva.

Le pareti della cavea sono come interni/esterni della città; come le case che si affacciano sulla piazza, parti di un insieme il cui centro è pur sempre la scena e lo spettacolo. Un mondo reale e costruito che aspetta di proiettarsi nel mondo magico e senza dimensioni dello spettacolo.

Perché questo è il teatro.

E il teatro è anche tutto il lavoro che si svolge nella scena e attorno alla scena e sopra di essa. È questo il terzo grande elemento del progetto; qui il disegno può solo indicare funzioni e divisioni dove si svolge un delicato equilibrio di lavoro umano e di sofisticati ingranaggi. Solo un'attenta analisi tecnica può descrivere questa macchina; il progetto ha cercato di trovare tutte le possibilità perché essa funzionasse nel modo migliore come le macchine, appunto, devono funzionare.

Al di sopra si trovano gli spazi di servizio, sale, camerini, e tutto ciò che è necessario alla preparazione e alla gestione di un teatro moderno, tenendo presente come tutte le sezioni di cui uno spettacolo è composto hanno bisogno di provare contemporaneamente e in autonomia.

Nel mezzo della città la torre è una grande fabbrica di produzione che perciò costituisce punto di riferimento; la semplicità della sua costruzione è appunto quella di una fabbrica. Anche se è questa una officina singolare dove il Tempo non corrisponde al tempo cronologico e dove la produzione sembra essere effimera; in realtà essa produce qualcosa di molto importante per l'uomo, uno strumento di immaginazione.

Tutto questo è l'architettura del teatro; la sua descrizione si riassume in punti fondamentali, in scelte precise; la storia, la città, la costruzione e infine l'immaginazione.

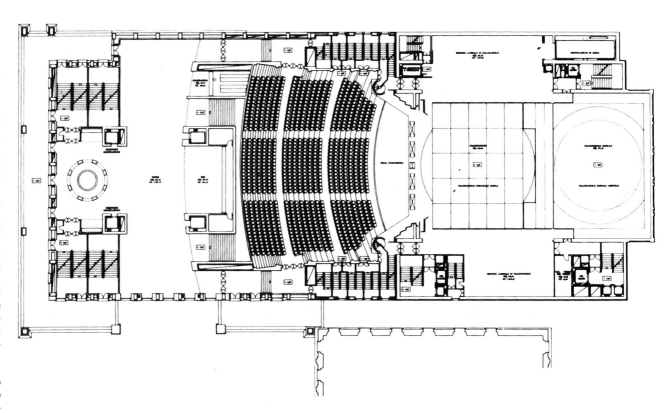

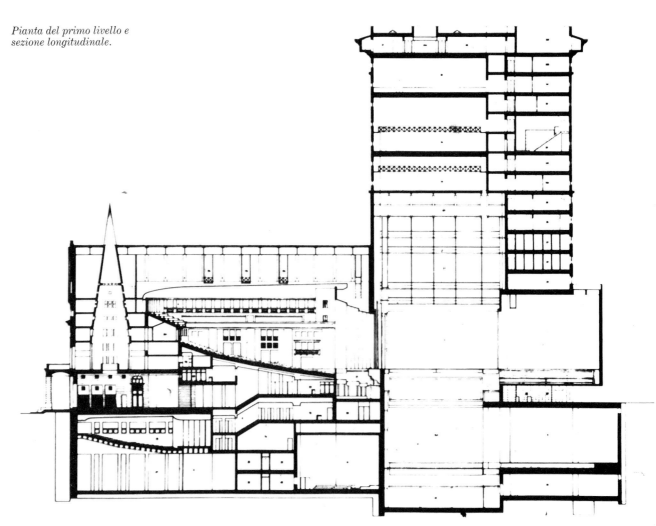

Pianta del primo livello e sezione longitudinale.

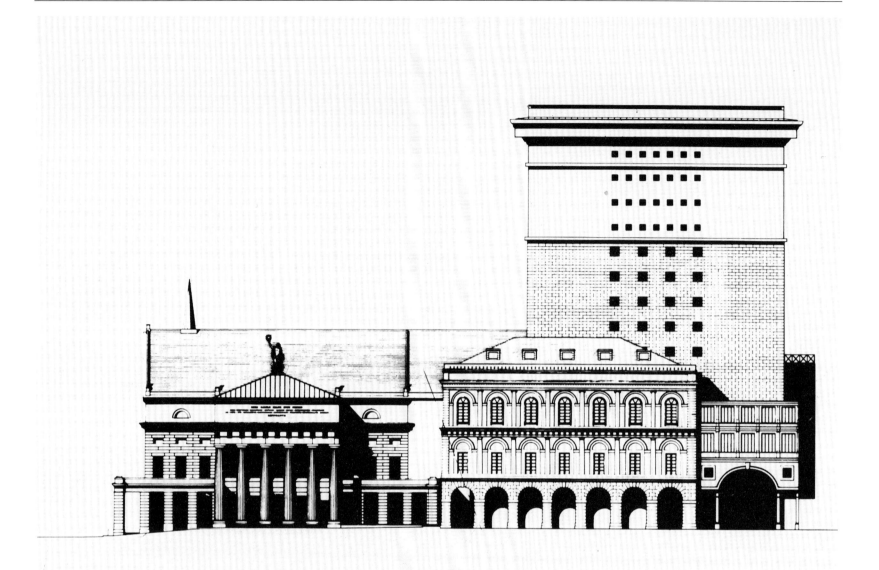
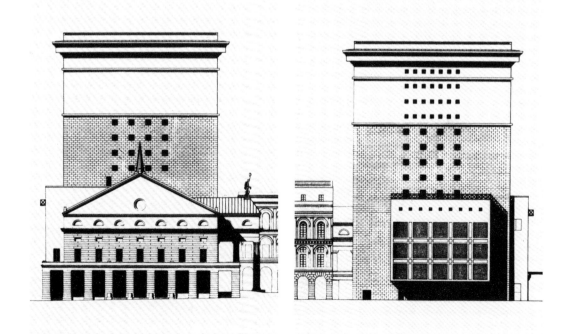

Fronti sud, d'ingresso e posteriore e vedute del teatro.

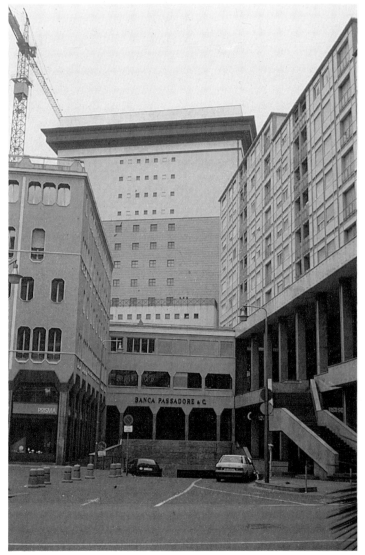

Veduta del pronao e della torre.

Veduta della cavea.

Francesco Rovetta

Il museo delle armi nel castello di Brescia

Il mastio visconteo del castello di Brescia domina la città dalla sommità del colle Cidneo che frange gli ultimi flutti delle Prealpi nella fertile pianura padana. Le sue radici penetrano nella terra che nasconde dal nascere la città. Là stanno le origini preistoriche, gli insediamenti dei galli cenomani, dei romani; là vi sono le vestigia della basilica paleocristiana di Santo Stefano in Arce sepolta nel 1988 da una valanga di terra portatavi dalla pianura. Sovrastano il tutto gli edifici medievali e l'alta, tonda torre Mirabella.
Dopo le trasformazioni di Giovanni e Luchino Visconti del 1342 e quelle veneziane del Cinquecento delle fortificazioni nate già prima del 883 d.C. il mastio subì piccole trasformazioni per opera ancora dei veneziani, poi dei francesi nel Settecento e infine degli austriaci nell'Ottocento.
Nel 1904 il Cidneo si trasformò in una grandiosa esposizione con architetture scenografiche liberty di grande interesse di cui non resta traccia, se non nella vasta documentazione grafica e iconografica.
La rocca fu comunque in mano ai militari sino al dopoguerra, anche se vi si insediò attorno lo zoo e un museo di scienze naturali.
Le vestigia più suggestive restano le tracce di un tempio romano celebrato da Catullo e che vennero alla luce solo all'inizio dei lavori di scavo.
Negli anni sessanta l'amministrazione comunale iniziò un primo intervento nel mastio eliminando le strutture a volta del Cinquecento e sostituendole con solai in legno sorretti da putrelle in ferro.
Nel 1971 il consiglio comunale rivide le proprie posizioni e chiamò Carlo Scarpa con cui collaborai in tutte le fasi. Si affrontò subito il problema della relazione del castello con la città, i possibili collegamenti e l'approccio con le preesistenze, soprattutto quelle romane, le più suggestive. Contemporaneamente si decise l'atteggiamento nei confronti delle modifiche attuate dal precedente intervento che seguiva una filosofia completamente diversa. Si dovette anche trovare una lettura facile e suggestiva del materiale da esporre, usando un linguaggio architettonico del nostro tempo che rispettasse i valori del passato.
Alla quota più bassa si previde una zona che potesse evidenziare i reperti archeologici anche attra-

Dettaglio della porta, prospetto con le scale di sicurezza, particolare della porta d'ingresso e mastio con la scala esterna di sicurezza.

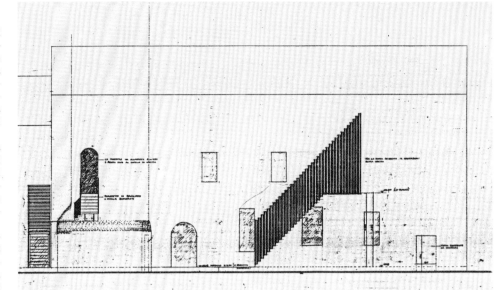

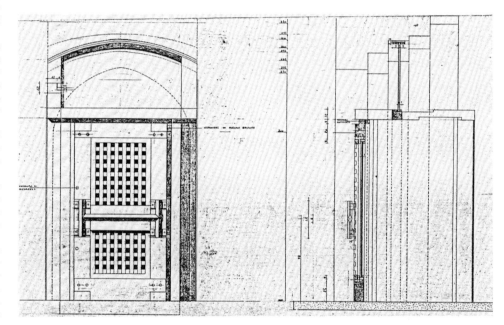

verso un'esposizione didattica della storia dell'uomo. La zona più alta venne destinata all'esposizione vera e propria delle armi. Per rendere più stimolante e piacevole il percorso attraverso il copioso e prezioso materiale espositivo, si decise di dargli una particolare articolazione. Raggiunta la quota del piazzale della torre Mirabella, dove partiva e parte tuttora il vero percorso museale, la passeggiata doveva svolgersi in modo fluido, stimolante e armonioso transitando nel vano scala di accesso al tempio romano.

Questa parte del percorso fu purtroppo molto alterata, avendo la sovrintendenza all'archeologia vietato di forare una sottomurazione romana in un punto già demolito in epoca medievale.

Durante la revisione del progetto Carlo Scarpa improvvisamente morì. Lo studio dei progetti riprese nel 1980 con l'architetto Rudi, che dopo aver preso le decisioni generali relative alle varianti di percorso, mi diede ampio mandato.

Nel 1986 vennero completate le opere murarie e strutturali comprese le scale esterne di sicurezza, risolte con un'immagine formale che riprende il carattere del rozzo mastio. Malgrado le limitazioni imposte si può affermare che il progetto realizzato abbia conservato nella sostanza lo spirito del progetto originale, soprattutto per la semplicità che ci si era proposti sin dall'inizio. Si sono così realizzate strutture orizzontali e pavimenti costituiti da lastre monolitiche in calcestruzzo e ferro, sollevate rispetto ai reperti archeologici e distanziate dai muri con puntali d'acciaio. Queste lastre sono state tagliate in modo da consentire in modo organico e armonico la visione degli stessi reperti archeologici.

Vedute interne con i reperti archeologici.

Antonio Sassi,
Lauro Sacchetti

con Giuseppe Altana

Scuola e convitto residenziale a Reggio Emilia

Il presente progetto riguarda la costruzione della nuova sede della scuola M. Alicata, una struttura che ospita corsi di formazione e di studio e che unisce spazi per lo studio e la didattica a spazi con funzione ricettiva. L'area prescelta è posta nella periferia a sud di Reggio Emilia, ove la pianura si alza sino a raggiungere la prima collina. È questa una zona di forte espansione per i quartieri residenziali della città, che stanno erodendo la campagna tuttora coltivata e inglobando i nuclei e le frazioni urbane limitrofe.

L'edificio si colloca ai margini di una vasta area destinata dal piano particolareggiato a attrezzature di servizio. Esso si confronta con l'immagine dell'edilizia civile suburbana legata alla campagna, cioè ville e casini padronali, presenti in gran numero nella fascia a sud della via Emilia. Questi sono edifici a pianta quadrata dal volume compatto con i fronti disegnati dalla impaginazione regolare delle finestre, caratterizzati da pochi elementi ricorrenti quali altane, balconi e piccoli porticati; una tipologia che pur nascendo nel XVI secolo si sviluppa e si fissa nei suoi elementi nel secolo scorso.

Il progetto vuole porsi come elemento di mediazione con la tradizione costruttiva sia nell'impatto volumetrico sia nell'uso dei materiali oltre che nel rapporto che instaura con lo spazio circostante. Il fabbricato è alto quattro piani con pianta pressoché quadrata di circa 23 metri di lato. È realizzato in mattoni faccia a vista con finestrature regolari sui fronti est e ovest, che, con due ordini diversi vogliono rendere evidenti all'esterno le diverse vocazioni funzionali dell'interno: i primi due piani a funzione didattica e di servizio hanno ampie aperture che, a piano terra, permettono un contatto diretto con l'esterno, mentre per gli ultimi due piani, a funzione ricettiva, si hanno finestre più piccole di forma allungata.

Il fronte nord è caratterizzato da larghe specchiature cieche che si aprono al centro con l'ingresso che è schermato da una griglia di travi e pilastri sormontata dal locale macchine dell'ascensore. Nel retro una parete intonacata con ampie porte finestre si incurva all'esterno a denunciare la grande sala riunioni. Il volume del fabbricato è qui scavato a formare una corte quadrata e un loggiato che si affaccia sulla terrazza che copre la sala. I collegamenti verticali sono assicurati da un ascensore e da una scala principale illuminata sul fronte da una parete curvilinea in vetrocemento; ai due angoli del retro si trovano due scale di servizio che si aprono direttamente sull'esterno.

Al piano terreno trovano posto quelle attività che hanno più stretto contatto con l'esterno quali il soggiorno, la sala da pranzo con relativa cucina e servizi e la sala riunioni per circa 150 posti il cui funzionamento è legato sia all'attività interna che a un uso esterno.

Al primo piano vi sono le aule per attività didattiche e di studio, la biblioteca e quattro uffici per la direzione e la segreteria della scuola, nonché l'alloggio del custode con accesso da una delle scale di servizio. Gli ultimi due piani accolgono le camere da letto, 14 per piano, tutte doppie e con bagno, distribuite da un corridoio a H che definisce due ali a corpo semplice attorno al nucleo centrale nel quale si trovano i collegamenti verticali e alle profonde logge del lato meridionale.

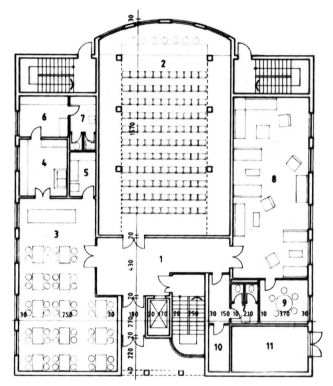

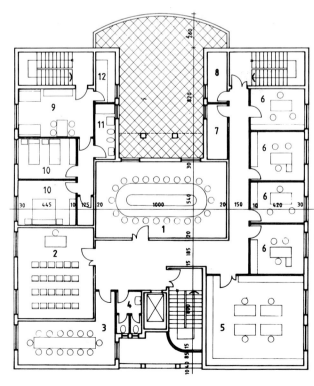

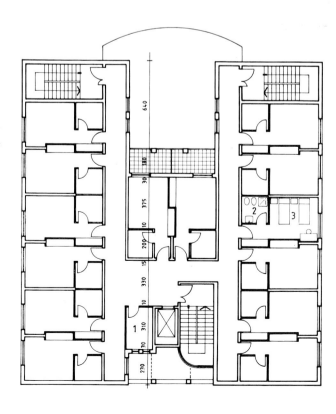

Dettaglio della scala, piante ai diversi livelli e vedute degli esterni.

Guido Stefanoni

Scuola materna a Perego (Como)

È stata recentemente inaugurata la scuola materna comunale di Perego (Como), a fianco del municipio e della scuola elementare. Il progetto, partito nel 1984, ha attraversato notevoli traversie.
L'area in cui si inserisce la scuola, limitata tra edifici esistenti o in costruzione, ha portato a un edificio compatto, formalmente a "segnale" di una parte a carattere urbano indefinito in cui le funzioni pubbliche avrebbero dovuto, nell'ipotesi progettuale, riorganizzare il tessuto.
L'orientamento e l'allineamento con i fabbricati confinanti determinano le aperture e l'organizzazione distributiva dell'edificio. La luce, assunta come fattore primario, in questa valletta, esposta per lo più a nord, penetra zenitalmente nei corridoi e lateralmente dai muri esterni, attraversando le pareti divisorie parzialmente vetrate.
Gli spazi interni ribadiscono formalmente le precipue funzionalità cui sono adibiti: cucina, stanza per l'assistente, alloggio custode sono definiti con chiusure murarie e porte, mentre altri come le aule, la mensa e gli accessi sono flessibili a intercollegati per una fruizione il più fluida possibile.
Le scelte dei materiali si riallacciano alle tipologie esistenti: copertura in coppi, intonaco di facciata e canali in rame. I pavimenti esterni, i davanzali e le soglie sono in pietra resa rustica grazie alla bocciardatura.
I colori sono nella gamma delle terre e delle pietre con parti metalliche e lignee dipinte di verde.

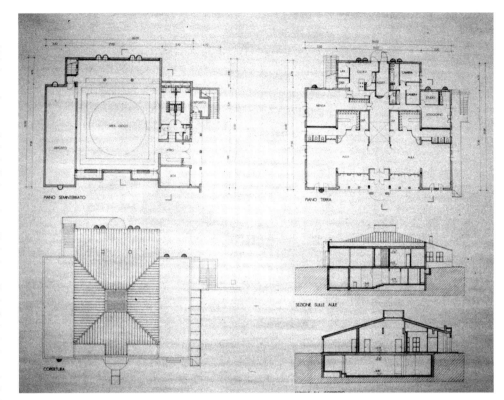

Piante, sezioni, fronte d'ingresso e vedute dell'esterno.

Francesco Venezia,
Marcella Aprile,
Roberto Collovà

con Oreste Marrone, Anna Alì
consulente: Sergio De Cola

Giardino comunale nel quartiere del Carmine a Salemi (Trapani)

Il quartiere era già gravemente danneggiato prima del terremoto: gli abitanti lo avevano in gran parte abbandonato, il terremoto ha fatto il resto. Dopo il 1968 la nuova carta geologica del paese lo definisce pericoloso per l'abitazione; si accentua così il processo di abbandono, essendo preclusa per sempre la strada del ripopolamento come un modo per risanarlo. Viene meno definitivamente quella manutenzione minima che permette alla città di funzionare con poco sforzo. Questo accade nonostante la felice posizione. Il quartiere si allunga da monte a valle, è attraversato da una strada perfettamente integra e i suoi bordi si affacciano, ben definiti anche se in modo differente, sui fianchi del crinale su cui è attestato. Per molti anni è stato un pezzo di città fantasma, unico collegamento in via di erosione tra il paese sulla collina e i quartieri più recenti a valle. Nel quartiere era una chiesa crollata ormai da decine di anni e un chiostro di cui restavano due arcate. Quando ci venne proposto di fare un progetto per la conservazione di quel rudere, ci furono poste anche molte domande sul destino del quartiere.
Siamo rimasti a lungo incerti, finché non è maturata la convinzione di disporre degli elementi specifici per affrontare un progetto che fosse più rivolto al futuro che al passato.

Il rudere del chiostro si presentava come il punto più evidente di una questione nascosta: come stabilire un rapporto attuale con il passato in una situazione di grande degrado fisico ma anche con una forte struttura complessiva e con una grande densità di materie fisiche significative. Ci convincemmo che il quartiere del Carmine andava risanato come area, come parte di città e che l'unica via per far questo stava nell'operare una sorta di conversione tipologica: un passaggio di scala e di uso. Nacque così l'idea di proporre per l'intero quartiere la destinazione a ciò che chiamammo impropriamente "parco urbano" e che in verità è destinato a diventare il giardino comunale di Salemi. A partire da questa idea il quartiere si è proposto come la sua complessiva geografia, un insieme di risorse legate alla sua struttura ma anche una grande cava di materiali preformati.
Forse troppo suggestiva, rispetto ai modi usuali con cui è possibile condurre i lavori pubblici, ma certamente interessante, è l'ipotesi di lavorare all'interno dell'area conducendo una graduale redistribuzione delle materie, come in un cantiere continuo in cui si possano progettare le costruzioni e parimenti le demolizioni. L'idea generale è quindi quella di usare una logica di lavoro che per il progetto del primo intervento, il teatrino, si è cercato di mettere alla prova.
La giacitura del vecchio quartiere lungo un costone inclinato, suggerisce una sistemazione a terrazze, degradanti e alberate; a questo fine si è pensato di utilizzare le murature delle case esistenti, opportunamente tagliate e consolidate, come strutture di contenimento del terreno.
L'idea complessiva è così un progetto delle demolizioni e dei tagli che ha l'obiettivo di trasformare i muri delle case in bastioni di giardino, balaustre di terrazze, recinti di giardini particolari. Mentre la si elaborava andava mutando anche l'idea per il primo intervento, l'edificio per i ruderi, che perdeva sempre di più le caratteristiche di edificio per diventare sistemazione del suolo, una delle tante terrazze del giardino.
Il progetto del primo intervento consiste nella costruzione delle prime due terrazze nell'area centrale del quartiere: la più alta si costituisce come una piazzetta che, attraverso piani inclinati, si raccorda alla strada principale; la più bassa estende la superficie del vecchio basamento della chiesa e del convento del Carmine, così da formare il piano di posa per una cavea all'aperto. Essa, insieme ad altre sistemazioni del terreno, ottenute per mezzo di scale e terrapieni, funge da collegamento tra i due livelli.
Ormai era molto chiaro che, qualunque costruzione si volesse fare, il problema centrale del progetto stava nel rapporto con il suolo e con i tracciati longitudinali e trasversali di vecchi e nuovi percorsi. Il recinto del teatrino ha trovato così gradualmente dimensioni adeguate, e la sua altezza si è andata riducendo fino a sfumarsi a terra nella parte a monte.
Questi adattamenti successivi hanno messo a punto anche la scelta dei materiali. Si era previsto di fare le pavimentazioni con la tecnica delle strade, acciottolato di fiume e liste di travertino d'Alcamo; c'erano tre tipi di copertine dei muri: di arenaria per la cavea, di travertino per i muri esterni del teatrino e di ceramica per i muri di contenimento; il rivestimento interno della cavea si prevedeva di arenaria mentre l'esterno di tufo tenace; all'interno la gradinata avrebbe dovuto essere di pietra lavica e la scena di ciottoli. Tutti i percorsi di polvere di tufo.
Durante la costruzione è sembrata utile una riduzione dei materiali: arenaria, travertino, ciottoli e tufina sono sufficienti ad assimilare il teatro e le sistemazioni esterne a quegli stessi muri, a quelle stesse superfici lastricate che costruiscono il quartiere. Le liste delle pavimentazioni prendono spessore lungo le pareti della cavea che, con la gradinata, sembra scavata nel travertino. Infine il rapporto con i ruderi è stato affrontato circoscrivendolo alla scena dove le parti essenziali dell'ordine architettonico del chiostro: base, colonna, capitello, restano semisommerse da una colata di ciottoli.

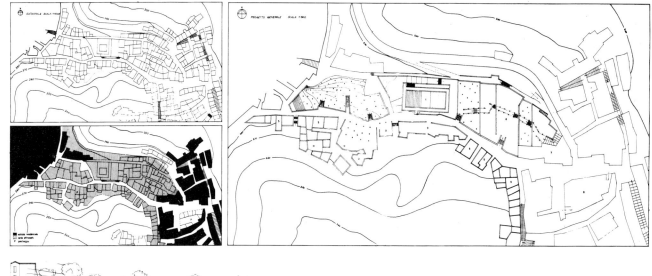

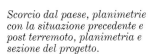

Scorcio dal paese, planimetrie con la situazione precedente e post terremoto, planimetria e sezione del progetto.

Piante, sezioni e vedute del teatrino.

a pagina 114
Veduta del teatrino con lo sfondo del paese.

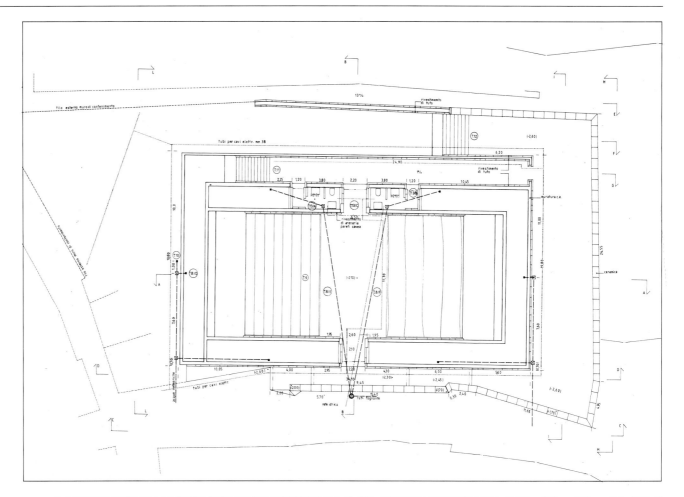

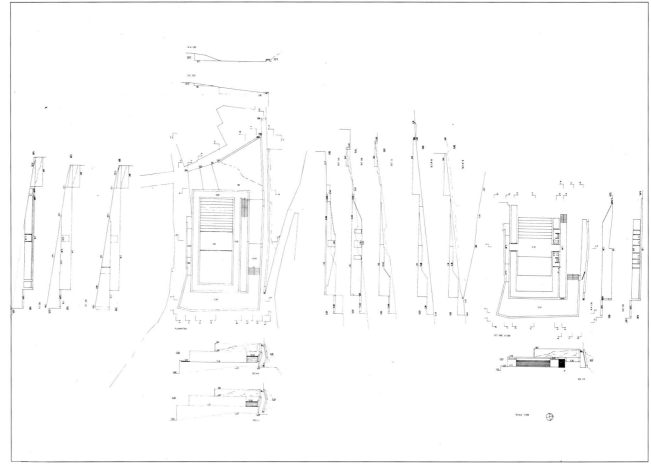

Giulio Zanella

Cappella funeraria a Lonate Pozzolo (Varese)

La cappella funeraria è luogo di sepoltura, ma è anche luogo di preghiera. La necessità di uno spazio racchiuso e fruibile diventa volontà costruttiva. Questa particolarità fa sì che il carattere costruttivo murario prevalga su quello scultoreo.

Un tema di architettura dunque, legato però inscindibilmente a una necessità di rappresentazione che ne accentua il carattere monumentale.

Il momento evocativo, ritenuto elemento indispensabile nella costruzione, è stato applicato direttamente all'architettura. La cappella funeraria non è null'altro che l'evocazione dell'idea di chiesa, luogo che maggiormente ci restituisce la relazione della morte con il mondo dei vivi: "Nascitum ad mortem, moritum ad vitam".

L'edicola è situata nel cimitero cittadino: l'area di edificazione, delimitata da cordoli in pietra, si trova in una zona di espansione dello stesso. La larghezza e la profondità (4,50 x 4,10 metri), l'orientamento verso l'ingresso del cimitero e l'isolamento che ne permette la visione completa sono le caratteristiche emergenti.

L'idea tipologica è elementare: un corpo rettangolare con l'asse maggiore ortogonale all'orditura dei campi cimiteriali, a cui si aggiungono lateralmente due corpi di altezza inferiore, contenenti i loculi per le sepolture.

La disposizione dei corpi laterali, quasi in linea con la facciata principale, permette l'individuazione della parte retrostante (l'abside) e la creazione di un altare commemorativo all'interno, contenente gli ossari.

La partizione delle aperture è scandita dalla travatura in cemento a vista della soletta di copertura del corpo centrale ed è perciò indipendente dalla posizione dei corpi laterali sottostanti.

La struttura portante è in conglomerato cementizio armato, poggia su di un solettone di fondazione e ha un vespaio aerato sotto la pavimentazione. I loculi sono realizzati con elementi prefabbricati sovrapposti e sono forniti di tubi di sfogo per le pressioni indotte.

Il rivestimento esterno, interamente in granito rosa di Sardegna bocciardato fine, è costituito da pietre di piccolo taglio per una facile trasportabilità e posa in opera. Gli spigoli sono in massello pieno a garantire maggiore resistenza nei punti deboli. La copertura a tetto piano è realizzata con guaina isolante, ricoperta con vasche in piombo verniciato di catramina; in corrispondenza della muratura si trovano le copertine in massello di granito rivestite in rame. Le acque piovane vengono scaricate in pozzi perdenti tramite pluviali in rame posti negli angoli della parte retrostante. La porta d'ingresso è in ferro verniciato, si presenta imponente al fine di rendere la separazione interno-esterno più evidente.

All'interno, di fronte all'ingresso si trova l'altare commemorativo, contenente gli ossari; sopra a esso è murato, a filo parete, un bassorilievo in ceramica smaltata di Silvio Zanella raffigurante una crocifissione, che riprende le tonalità della pavimentazione in marmo rosso di Verona. Il rivestimento esterno è nel medesimo materiale ma lavorato diversamente: le giunture fra le pietre non sono marcate dalle bisellature, l'ordine orizzontale dei tagli riprende la divisione della struttura dei loculi.

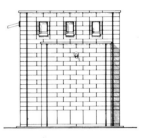

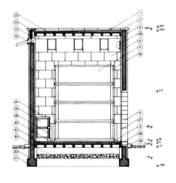

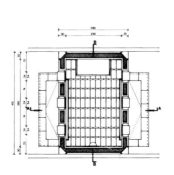

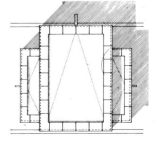

Veduta dell'ingresso, prospetti, sezione e piante della cappella.

Oswald Zoeggeler

con F. Nagele

Ampliamento della scuola elementare di Chiusa (Bolzano)

Nei primi anni di questo secolo è stata aggiunta al retro di una casa gotica del centro storico di Chiusa una nuova scuola in stile romantico-rurale e infantile come sarebbe molto piaciuto ai fratelli Grimm.

L'intervento recente consisteva nella trasformazione dell'edificio storico, internamente rovinato e degli ultimi due piani della scuola esistente. Per questo è stato bucato il grande muro che divideva i due corpi di fabbrica e ricostruito un vano scale nel vecchio edificio, quasi simmetrico a quello dell'attuale scuola. Questo nuovo doppio spazio interno, portato fino al tetto, ripropone, esaltandola, la forma del cavedio, l'elemento tipologico più caratteristico dell'architettura della città tirolese.

Il risultato è un luogo ambiguo tra un "interno urbano", come una piccola piazza privata coperta, e un interno architettonico, come una grande sala pubblica a più livelli.

Questo spazio ora racconta con diversi linguaggi architettonici la sua storia e le sue intenzioni.

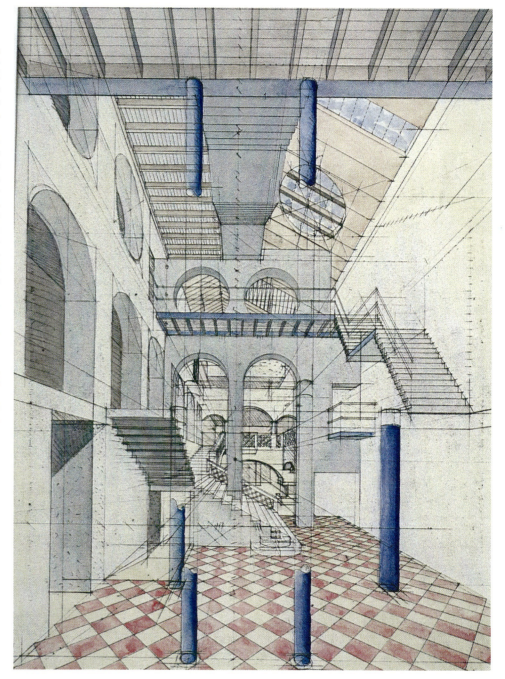

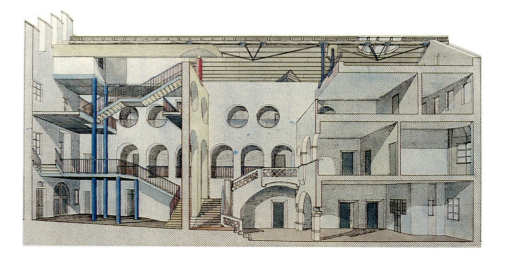

Disegni prospettici del vano-scala.

Particolari degli interni.

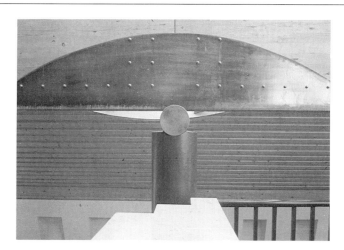

Vedute degli spazi interni e del vano scala.

Architettura della produzione e del commercio

Daniele Ferrazza,
Luciano Gatti (studio AUA),
Pietro Salmoiraghi

con Valeria Arpino, Caterina Ferrari, Antonella Marcucci
consulenti: Attilio Balestrini, Giovanni Colombo, Nicola Rossi

Padiglione Enel alla fiera del Levante a Bari

Il programma d'intervento prevedeva la demolizione del precedente padiglione Enel; si rendeva così disponibile per il nuovo edificio un lotto di forma triangolare attestato sulla rotonda della "fontana monumentale", punto di maggiore rappresentanza nel recinto fieristico. Il nuovo padiglione ospita sia attività espositive (più propriamente legate all'attività fieristica), sia attività informative e divulgative che si svolgono anche in due sale per il pubblico; la prima è una vera e propria sala conferenze (di circa 150 posti) attrezzata per proiezioni, dibattiti ecc., la seconda è una sala riunioni per piccoli gruppi.

Il progetto parte dalla considerazione di questo previsto duplice uso (fieristico e didattico) per configurare un edificio che, pur nella sua unitarietà, garantisca una precisa connotazione alle differenti attività che vi si svolgono. Si tratta, in sostanza, di un unico edificio costituito da due volumi accostati: il primo, con pianta triangolare, ospita la sala espositiva su due livelli e si imposta su un basamento seminterrato adibito a magazzino per il materiale di allestimento; il secondo, con pianta rettangolare, è costituito dal volume aereo della sala conferenze, che lascia libero a piano terra un ampio porticato chiuso verso il fondo dalle vetrate della zona reception, segnalata da un profondo spacco nel volume; la testata sud è chiusa, al piano terra, dalla saletta riunioni e dal blocco che ospita l'ufficio per il personale, e al primo piano dai servizi igienici.

La necessità, determinata dalla vicinanza del mare, di contenere le fondazioni dell'edificio a una quota relativamente alta, sommata all'esigenza di ricavare un ampio spazio a deposito ubicato al piano seminterrato, ha fatto sì che il livello della sala espositiva si venisse a trovare a una quota superiore rispetto a quella d'ingresso, determinando così uno sfalsamento di mezzo piano tra le due parti dell'edificio, che è stato risolto con un sistema di rampe e scale che collega alle due estremità le mezze quote così determinatesi garantendo la circolarità dei percorsi.

È proprio il sistema dei percorsi (verticali e orizzontali) a costituire l'elemento caratterizzante dell'edificio: si perviene all'ingresso dopo aver attraversato un ampio porticato, poi, superata la reception, si può accedere alle varie quote interne, alternativamente, per mezzo della scala principale e del contiguo ascensore-montacarico (ospitato in un volume cilindrico) o per mezzo di un sistema di rampe-scala di sicurezza collegato direttamente con l'esterno.

Tale sistema di percorsi funge anche da elemento di cesura e mediazione tra i volumi accostati rappresentati dalle due parti dell'edificio: le rampe e la scala di sicurezza, in particolare, racchiuse in un grande volume interamente vetrato, affacciato sul prospiciente fianco della sala conferenze, determinano un pozzo di luce lungo e stretto che mette in comunicazione visiva interno ed esterno dell'edificio.

Tale criterio di permeabilità visiva è ripreso anche nell'organizzazione della sala espositiva su due livelli che, per mezzo dello svuotamento della parte centrale si sviluppa a tutta altezza ed è sormontata da lucernai e delimitata dall'ampia balconata del livello superiore.

Se si eccettuano i volumi del vano montacarichi, della saletta riunioni e del blocco servizi il complesso dell'edificio è caratterizzato da strutture in carpenteria metallica: parte in profilati di acciaio semplici o composti, parte in profilati tubolari reticolari.

Le solette sono costituite da lamiera grecata zincata con successivo getto di completamento in calcestruzzo. Le murature di tamponamento esterno sono eseguite con doppio tavolato in blocchi di tufo tipo Carparo con legature regolari trasversali nello stesso materiale. I tavolati interni, eseguiti per essere lasciati a vista, sono anch'essi in blocchi di tufo.

Le pavimentazioni interne sono realizzate in pietra grigia, tranne nelle sale (conferenze e riunioni) dove è stata usata una stuoia di cocco.

I serramenti esterni sono realizzati in profilati di alluminio anodizzato colore nero, mentre quelli interni sono in lamiera d'acciaio verniciato colore rosso scuro.

La pavimentazione esterna è in basole (masselli) e cordoli di pietra calcarea di Bisceglie, posati a file di diverse dimensioni.

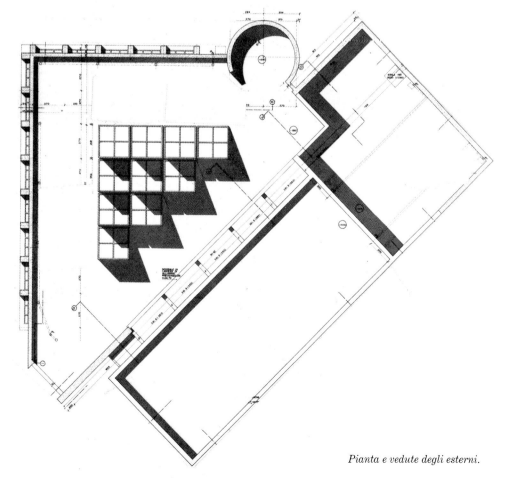

Pianta e vedute degli esterni.

Augusto Mazzini

con Claudio Mori, Studio AREA
consulente: Guido Veltri

Centro di vendita Unicoop a Pilli (Siena)

Il centro di vendita è disposto sul lato a valle della strada che collega il paese alla città di Siena. È ubicato nel punto dove inizia l'abitato cui vengono date, in tal modo, continuità e conclusione, formando una sorta di porta urbana.

Il complesso è costituito da un corpo principale che corrisponde allo spazio di vendita e da corpi secondari, a esso collegati su due lati, destinati agli ambienti accessori e di servizio. L'edificio compone, insieme al sistema di terrazzamenti per i parcheggi a valle, alla trama dei percorsi pedonali e ai muri di sostegno e di recinzione, un complesso architettonico articolato. I volumi sono differenziati nelle altezze e nella forma delle coperture: piane quelle dei corpi accessori, a falde con il colmo a volta quella del corpo principale.

L'uso generalizzato dei mattoni faccia a vista per i paramenti esterni contribuisce a rendere omogeneo l'insieme, mentre la differenza di tessitura, insieme all'uso di diversi tipi di mattone, introduce di nuovo, a una lettura più ravvicinata, elementi di sottile variazione: senza peraltro ricorrere a eccessi decorativi estranei al contesto senese.

Il centro di vendita si presenta diverso a seconda dei punti di vista, tra cui, fondamentale, è quello visto dalla strada. Ne risulta una volumetria compatta e, insieme, articolata e mutevole, come una aggregazione avvenuta secondo un processo di aggiunte successive.

L'edificio ricompone volutamente il filo stradale non con il suo volume, che se ne distacca invece planimetricamente e altimetricamente, ma tramite un muro che segue la strada e la sua pendenza. Questo muro, con cimasa di mattoni arrotondati, fa parte integrante dell'architettura. Del resto questa configurazione stratificata e sovrapposta di volumi edificati e di muri caratterizza la maggior parte degli edifici degni di nota che si incontrano lungo la strada per Siena.

L'edificio appare chiuso verso strada e l'ingresso è collocato su un lato perpendicolare a essa, in modo da lasciare uno scorcio verso la campagna. Tutto il fronte relativo è protetto da una pensilina vetrata con struttura metallica, che allude a una pergola. Il sistema dei percorsi pedonali che conduce all'ingresso, dalla strada e dai parcheggi, si modella sui dislivelli esistenti ed è arricchito da alcune zone di sosta.

Gli elementi di arredo non si presentano distaccati, ma sono integrati nell'edificio. I sedili rivestiti in travertino con calibrati inserti di colore, i paracarri d'angolo, i colonnini, le vasche per il verde mirano tutti a legare l'edificio al suolo.

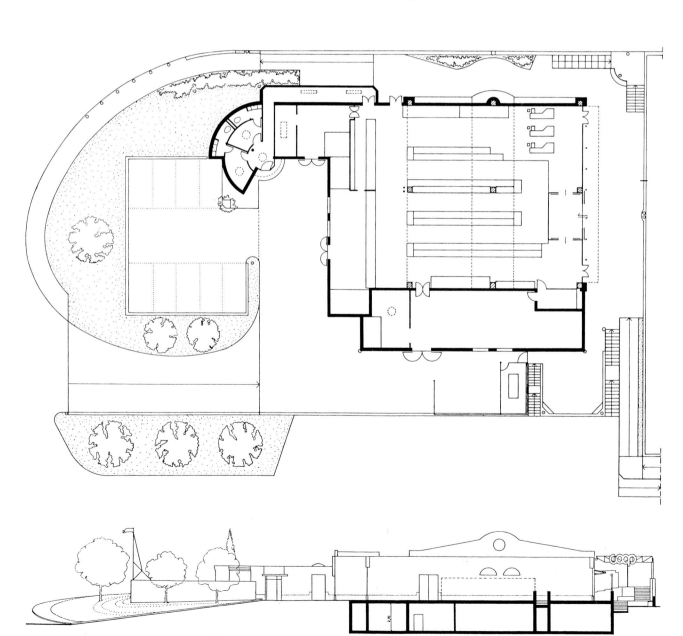

Pianta del piano terreno e sezione.

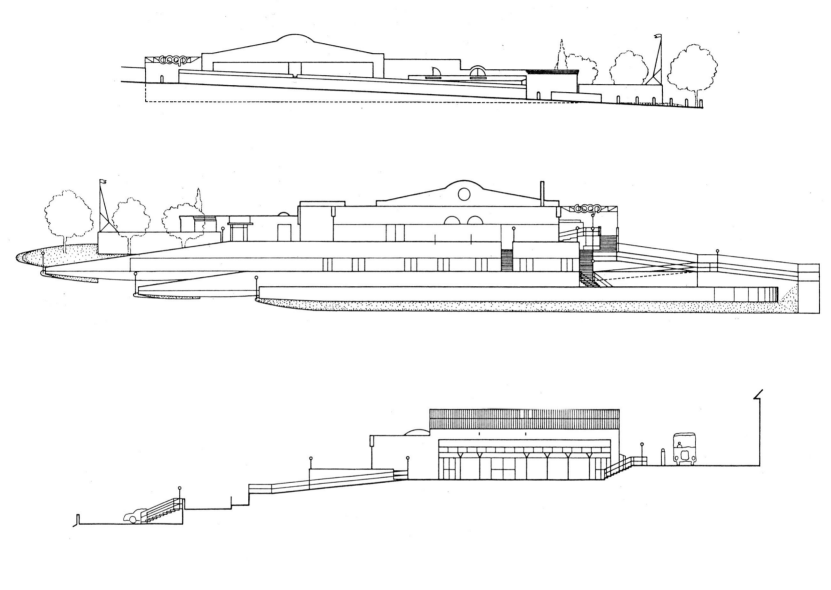

Prospetti e vedute del complesso.

Bruno Minardi,
Giuseppe Grossi

con M. Lucca, F. Poggioli

Punto vela a Marina di Ravenna (Ravenna)

Tema del progetto è l'ampliamento e la sopraelevazione di un piccolo fabbricato a Marina di Ravenna.
L'edificio è in parte occupato da un negozio e da un deposito di articoli sportivi e di accessori nautici; in parte è ufficio-agenzia, punto di riferimento per la progettazione e l'armatura di barche a vela da regata; infine è foresteria.
In realtà avrei potuto demolire e costruire completamente ex novo il tutto ma, qui come in altre occasioni, ho preferito mantenere alcuni riferimenti lasciati dalla preesistenza che, a mio avviso, quasi sempre, rendono più ricca la progettazione.
Così il fabbricato nuovo si è andato definendo sulla base di alcune indicazioni topografiche (la posizione del vecchio corpo di fabbrica) e di altri vincoli inderogabili delle normative esistenti quali gli indici volumetrici, le distanze dai confini, le altezze massime. All'apparente complessità compositiva delle parti che compongono l'insieme corrisponde in realtà una attenzione al massimo sfruttamento del lotto in termini di superfici utili e di volumi; e sono proprio questi vincoli, anche se di varia natura, a legare il progetto al luogo fisico dove si colloca.
Sito del progetto è un lotto prospiciente un ampio piazzale vicino al porto di Marina di Ravenna, da cui si gode della vista del mare, delle barche ormeggiate nella darsena, del faro; ogni tanto sullo sfondo ravvicinato del canale emerge la silenziosa sagoma in movimento di una grande nave mercantile. Non ho potuto non tenere conto di tutti questi riferimenti, così il progetto si è rapportato al sito per forme, materiali, e colori.
Ho pensato ai grandi capanni da pesca sospesi su tralicci metallici sui moli del porto, alle costruzioni in legno e lamiera che ogni tanto spuntano nella vicina pineta, al colore bianco e grigio delle motovedette della guardia costiera, alle ringhiere in legno delle cabine sulla spiaggia e alle scale in ferro delle navi. In realtà l'edilizia circostante è assolutamente mediocre per cui, in un certo senso, a una ricercata contestualizzazione del progetto è corrisposto, in realtà, una sorta di estraniamento dello stesso nei confronti dell'intorno.
L'edificio si sviluppa su due livelli: il piano terra conserva l'originaria destinazione a negozio per articoli nautici; il primo piano, che rappresenta la parte aggiunta, è adibito a uffici e foresteria; nel terrazzo più alto un traliccio metallico serve per provare le antenne, i barient, i radar. Le logge, gli sporti del tetto, così come le verande, trovano la giusta collocazione rispetto all'orientamento solare e all'esposizione degli agenti atmosferici.
Nell'insieme è uscito un prodotto dall'apparenza precaria e tradizionale ma in realtà tecnicamente sofisticato per soluzioni costruttive, materiali, dettagli. La struttura, prefabbricata in cemento armato, è interamente rivestita in cedro rosso dell'Oregon smaltato con vernici navali. Sempre in cedro rosso, legno particolarmente adatto a reagire alle intemperie, è realizzato il portico esterno lasciato invece al naturale. Le scale esterne sono in ferro zincato a caldo e non verniciato; le coperture e le grondaie sono in zinco-titanio, lega idonea a sopportare la salsedine e la sabbia portata dal vento.

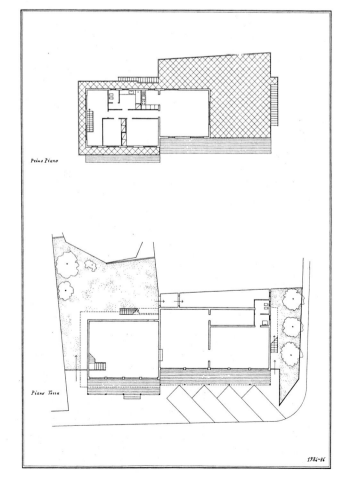

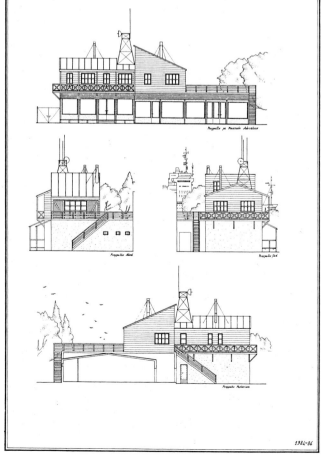

Piante dei due livelli e prospetti.

Fronte principale e dettagli della scala esterna e del portico d'ingresso.

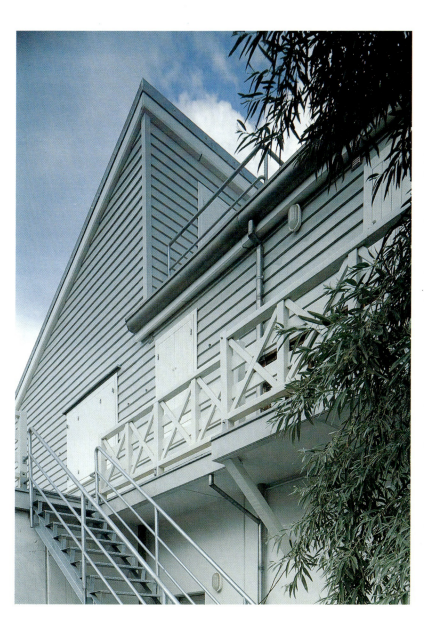

Paolo Pedron

con Manuela Petri

Edificio commerciale a Mezzocorona (Trento)

L'edificio è situato in un lotto di notevole importanza a livello infrastrutturale, per i collegamenti provinciali e nazionali a breve raggio (casello autostradale). Un forte riferimento del luogo è la presenza della ferrovia statale, che dista meno di 100 metri dalla stazione. Altri importanti riferimenti sono la vicinanza con il consorzio ortofrutticolo e con la nuova sede della cantina sociale. Quindi nell'ambito di una nuova espansione di aree commerciali si è realizzato un edificio completo e funzionale a servizio dell'utente. Il complesso si articola su tre piani: il piano interrato è adibito a magazzino di materiale ferroso; il piano terra a negozio di ferramenta con vendita al minuto e deposito di scorte agrarie, con un sistema di carico e scarico della merce attraverso un percorso interno tutto coperto; il primo piano è invece adibito a uffici che centralizzano gli attuali punti di contabilità e di controllo dei magazzini della società.

L'edificio è stato realizzato con un sistema misto: prefabbricato per quanto riguarda la struttura portante e tradizionale per i tamponamenti. La tinteggiatura ha voluto mettere in risalto i caratteri tradizionali adottando due colori come il giallo antico e il rosso terracotta che riflettono le preesistenze più significative di questo luogo.

Si è inoltre pensato a un completamento dell'opera, creando un arredo esterno, fatto di parcheggi e di verde in modo articolato e armonico.

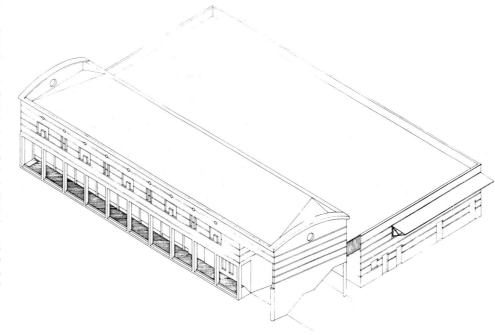

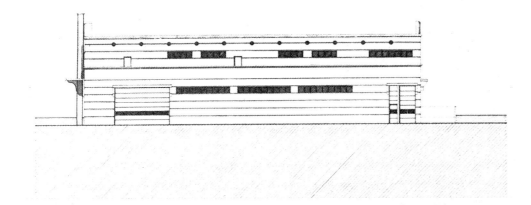
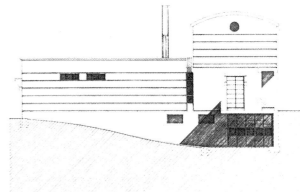

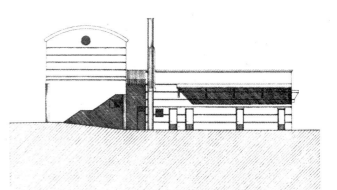

Assonometria, prospetti e vedute.

Vedute del fronte su strada e del retro.

Roberto Ravegnani Morosini, Cino Zucchi

con Leonardo Cavalli, Chiara Ciccocioppo

Spaccio aziendale a Urago d'Oglio (Brescia)

L'edificio, che ospita uno spazio di vendita al pubblico dei prodotti dell'azienda, giace sul terreno in posizione parallela alla strada provinciale, arretrato di venti metri da essa a formare un piazzale di sosta.

Il corpo dell'edificio è totalmente costruito con pilastri, travi e tegoli prefabbricati, e tamponato da pannelli in calcestruzzo a taglio termico integrale. Il lato lungo, verso la strada, è rivestito da un muro in blocchi di cemento di colore grigio scuro, articolato da giunti di dilatazione e forato da alte nicchie che rivelano i pannelli prefabbricati retrostanti e, attraverso una finestra a taglio orizzontale, il passo strutturale dei pilastri interni. La dimensione del pannello angolare che riveste il pilastro diventa la misura iterata dello sfalsamento delle due strutture, generando l'impaginazione "a bandiera" di tutte le aperture sul fronte. All'altra estremità il muro continua oltre il volume edilizio; una lunga trave centinata in legno lamellare si diparte dal fianco del capannone a reggere una tettoia in carpenteria metallica che ripara la bussola di ingresso. L'iterazione semplice della campata diventa così il tema architettonico dominante, inflesso in corrispondenza dell'entrata con dispositivi di semplice "sottrazione" di volume.

Il progetto tenta di risolvere il problema funzionale conferendo all'insieme un forte impatto visivo della strada, impiegando, al fine rappresentativo, le icone dell'architettura industriale corrente. La distinzione tra involucro e facciata è rivelata proprio dall'accostamento fisico e ideale dei due termini semplicemente giustapposti, il cui sfalsamento genera la maggiore complessità del nodo di ingresso. La non coincidenza tra il programma funzionale dell'edificio e la sua relazione con lo spazio collettivo, e quindi la risoluzione del rapporto tra questi due termini, appare così la questione fondamentale affrontata da questo progetto, nel difficile compito di ridurre a unità l'oggetto architettonico.

Il progetto attesta tuttavia una progressiva sfiducia nel potere riformatore del "buon disegno", per lasciare il posto a una più secca tecnica di montaggio, di giustapposizione di parti elementari molto riconoscibili, nel tentativo di accogliere quella stratificazione di significati non necessariamente armonizzabili che si sovrappongono nell'immanenza dell'oggetto architettonico.

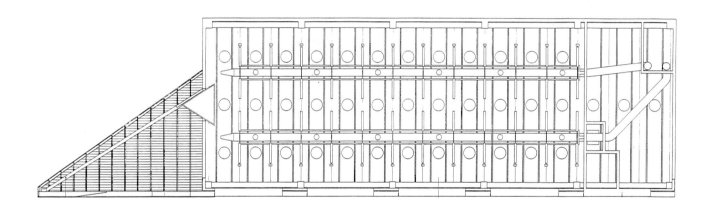

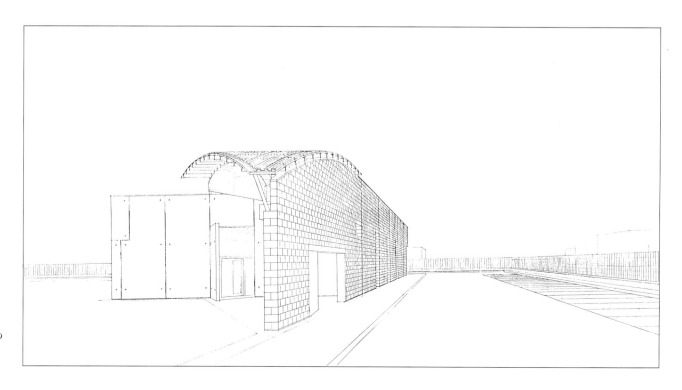

Pianta delle coperture e disegno prospettico della tettoia d'ingresso.

Sezioni, prospetti e vedute dell'edificio.

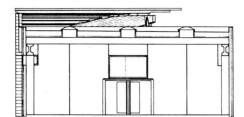
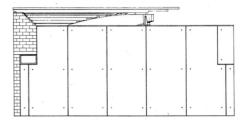
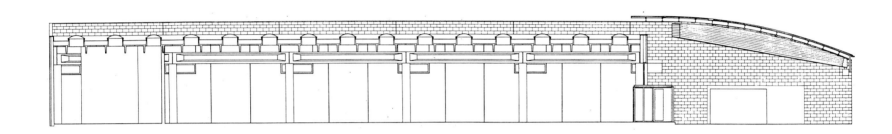

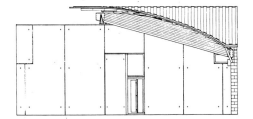
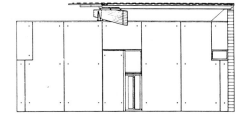

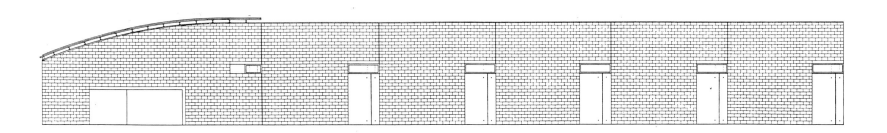

Fabrizio Spirito

con Giovanna Maraventano

Edificio commerciale a Monteruscello (Pozzuoli)

Il lotto, l'occupazione, i profili, la scelta stessa del tema di architettura erano già fortemente segnati nel progetto planivolumetrico di Monteruscello curato da Agostino Renna. Una loggia per negozi e uffici attraversa "la parte alta, che corrisponde al centro del nucleo urbano" dove "sono concentrati i più importanti edifici pubblici dell'intero insediamento". Questi "svolgono un ruolo di tipo evocativo rispetto alla città della storia", e possono affermare "la propria individualità nel senso della normalità, del già visto, del familiare… Alcuni sono simili a grandi case (la chiesa, la casa comunale ecc.), altri sono frammenti di un'ideale murazione intorno a cui si aggrega la costruzione… Tutti gli edifici rispettano una misura ampia, serena e senza enfasi". La definizione del prospetto era tutta implicita nella chiarezza e precisione della domanda di architettura.

Ancor più della planimetria, e delle stesse indicazioni tipologiche, mi aveva affascinato un suo disegno, un prospetto dal basso: una lunga fascia ocra taglia trasversalmente il centro, per tutta la sua lunghezza e termina sulla destra dove un muro e le rampe localizzano un luogo alto, una testata fuori misura rispetto al tracciato, con cui si conclude il terrazzamento che divide il centro in due parti. È la costruzione di un'iconografia complessiva dell'impianto che organizza le parti urbane; è l'architettura del suolo da edificare e attrezzare con singole architetture già qualificate dal valore di posizione, dall'essere state "situate".

Il tema della strada-edificio contro terra si sfaldava nella ricerca degli elementi dell'architettura per il salto di quota; il terrazzamento superiore e l'affaccio; a valle l'insediamento, più lontano il mare e le colline; un nuovo allineamento di contrafforti sostiene la terra e il terrazzo; un portico centrale, rialzato, si conclude in un lungo loggiato.

Una parete verticale, fondale o facciata; lunghe file di pilastri, con qualche variazione, avanti e dietro la parete, materializzano il modulo geometrico che si ripete sempre uguale per 324 metri di fronte; tre diverse tipologie di negozi attrezzano i tre livelli di strada commerciale. Longitudinalmente, la simmetria fissata nel planivolumetrico si accentua nella variazione chiaroscurale dello sfondo della facciata: tutta arretrata nella misura centrale (piazza coperta); sulla seconda linea dei pilastri, nei tratti porticati, e immediatamente a ridosso della struttura in ferro che rimane in vista, nei terminali.

Verso la tangenziale si aggiunge un corpo di fabbrica (centro per esposizioni) prevalentemente chiuso e che apre invece una piccola piazza pergolata verso l'ampia gradonata che si raccorda con il viale in alto.

Il principio costruttivo è realizzato da: un doppio telaio in ferro a due travate posto trasversalmente ogni cinque metri che determina la maglia geometrica estendendola identicamente per tutti i 324 metri di fronte; un rivestimento in mattoni pieni (tipo romano antico di colore rosato) che costruisce le differenti immagini della coppia di pilastri HEA 240; nella parte centrale, le capriate metalliche, che portano la copertura, poggiano su colonne binate di acciaio che a valle misurano 12 metri e a monte 3,60 metri, e definiscono la piazza coperta a cavallo del terrazzamento.

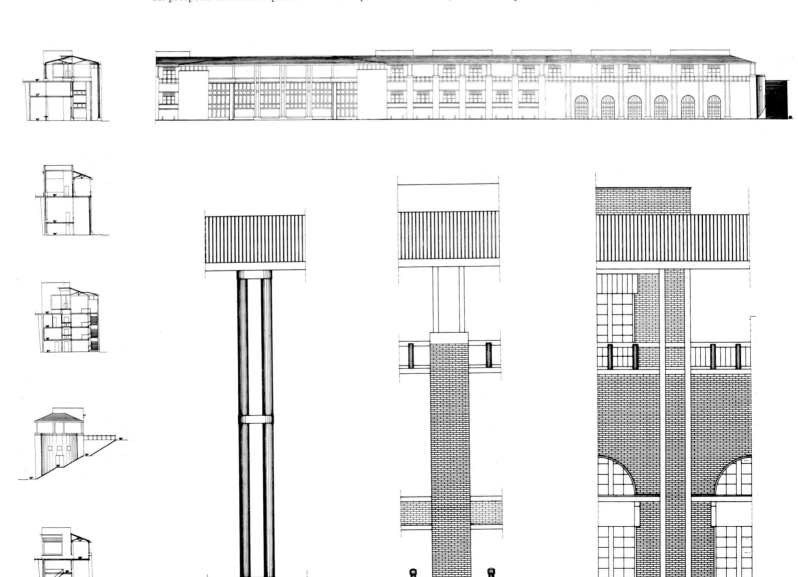

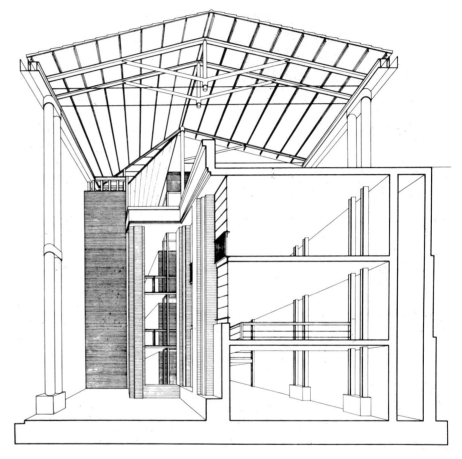

Sezioni, fronte principale e particolari dell'edificio commerciale. Vedute esterne e sezione prospettica.

Dario Valli,
Guido Carcano

Chiosco bar nella piazza a lago, Cernobbio (Como)
Nell'avvicinarsi a un luogo ove si deve operare, la prima impressione è determinante: da questa sono condizionate le riflessioni successive. I caratteri peculiari dell'ambiente, fortemente caratterizzati, ci convinsero subito che la piazza lungo la riva lacuale potesse mal sopportare la presenza di un vero e proprio edificio. Da qui l'idea di un oggetto che si ponesse in analogia con alcune presenze, in particolare lo splendido imbarcadero liberty e soprattutto con gli elementi naturali.
L'oggetto è andato definendosi con l'interpretazione dei caratteri peculiari del sito: il rapporto tra acqua e terra, tra la linea ondulata della sponda e i massicci muri in pietra di argini e moli; tra l'orizzontalità dell'acqua e le pendici inclinate del monte. Un muro in pietra quindi e una vela sottile che lo sormonta, costruita a centine di ferro e legno come la carena di una barca. Il muro, in grigio moltrasino, contiene gli spazi di lavoro e servizio; la vela, rivestita in rame ossidato sopra e stucco azzurro sotto, appoggia sui sottili montanti dei serramenti e, quasi sospesa, copre lo spazio del pubblico in continuità tra esterno e interno.

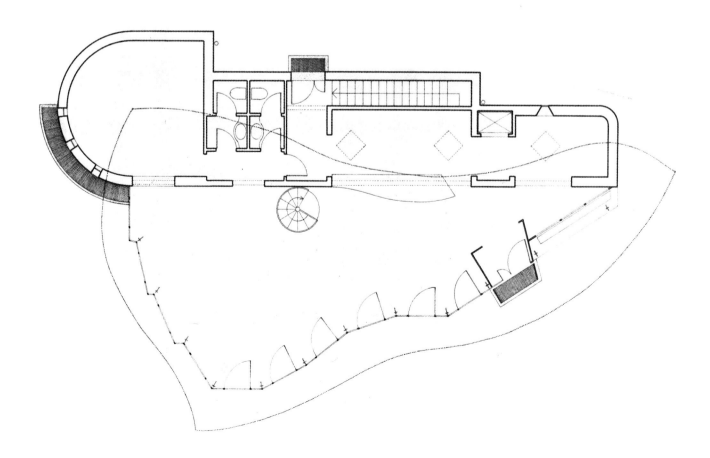

Pianta e vedute interne ed esterne del bar.

Architettura residenziale

Luisa Anversa Ferretti

con G. De Amicis, F. Izzo,
S. Nicoletti, L. Zordan
consulenti: S. Cimino,
G. Colarossi, A. Leone,
A. Ximenes

Edificio residenziale a Monticchio (L'Aquila)

L'intervento è stato realizzato in una zona di pianura a est della città dell'Aquila nelle immediate vicinanze della frazione di Monticchio, in un sito caratterizzato dalla presenza di risorse naturalistiche di notevole pregio (le montagne del Gran Sasso e del Sirente) e di insediamenti di media e alta collina tipici dello scenario che circonda l'altopiano aquilano.

La struttura insediativa di Monticchio è costituita da un nucleo originario che si è imperniato attorno a un percorso principale e una piazza a esso tangente dove sono ubicati gli edifici religiosi e civili.

Intorno a questo impianto si sono sviluppati tipi di abitazioni composte da corti chiuse o aperte verso la campagna, servite da percorsi che partendo dall'asse principale si snodano verso il territorio e aventi forme tipiche dell'architettura rurale aquilana, caratterizzata da coperture a falde, da piccoli loggiati, da modeste aperture.

Il nuovo intervento di 72 alloggi attua parte di un programma che prevede, in tempi successivi, la realizzazione di un raddoppio verso nord, oltre a un edificio per servizi in un'area ancora libera, a esso tangente, che lo separa dalla frazione di Monticchio.

Nel quadro di questo programma, il nuovo complesso residenziale, accostato all'asse che congiunge l'antica fontana di Monticchio con un'altra frazione, ha il suo ingresso segnato da un portale inserito nella facciata di un fabbricato in linea a tre piani che ha caratteristiche architettoniche più auliche di quelle che conformano gli altri tipi edilizi per esaltare l'invaso di una piazza da inserire tra nuovo e preesistente insediamento, anch'essa corredata da una fontana e successivamente da completare con la realizzazione dei servizi.

Dal portale si accede a un percorso che è centrale rispetto all'impianto insediativo e fiancheggiato da case a due piani, parzialmente loggiate e aventi rapporti e dimensioni architettoniche che richiamano quelle delle preesistenti tipologie.

Da questo percorso è visibile l'antico centro di Monticchio. Inquadrato nel portale di ingresso, esso entra a far parte integrante della spazialità interna del nuovo insediamento.

Al percorso centrale si affiancano poi piccole strade che immettono a una serie di corti aperte verso la campagna e verso la più ampia visuale dei monti che circondano l'altopiano.

L'attenzione ai caratteri topografici del sito, la reinterpretazione dei nessi morfologici che possono regolare il processo di trasformazione della città e del territorio, l'intento di commisurare nel loro rapporto i cambiamenti per realizzare un nuovo sistema di valori spaziali e una rinnovata condizione di abitabilità hanno quindi costituito la base di riflessione per la concezione di questo progetto.

In questa ottica le nostre proposte non sono disgiunte da una tensione verso la modernizzazione, secondo principi che non mancano nel bagaglio di riferimenti del movimento moderno, soprattutto quando non sono indifferenti alle varie situazioni ambientali e al legame con forme insediative esistenti.

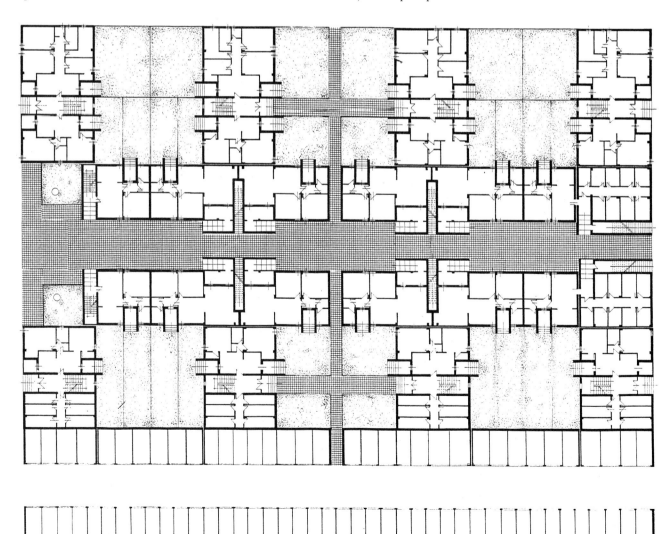

Pianta al primo livello, prospetti di due testate e veduta generale.

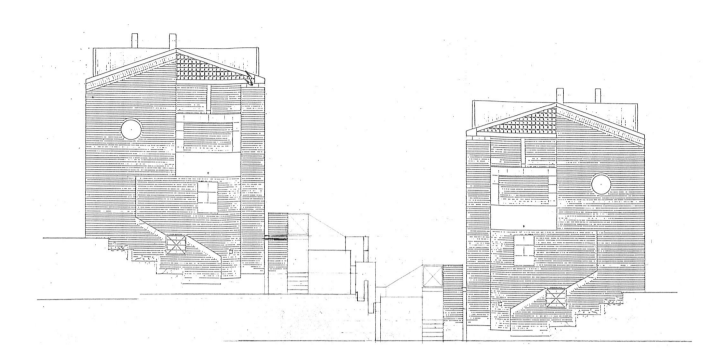

Vedute dei passaggi, delle corti e dei fronti.

Associati Associati:
Benno Albrecht,
Sergio Baiguera,
Claudio Buizza,
Franco Cerudelli,
Guido Leoni,
Mario Rossi,
Ignazio Ivan Tognazzi,
Giovanni Ziletti

Case a schiera nei pressi di Iseo (Brescia)

L'intervento progettuale per dodici alloggi a schiera, promosso e realizzato dalla Cooperativa G. Rosa, è situato nella piana a sud di Iseo (Brescia), in una zona di espansione di edilizia popolare a circa 500 metri dalle rive del lago. Nelle vicinanze sorgono alcune vecchie fabbriche costruite in mattoni e antiche cascine a corte, tipiche della pianura padana, con alti pilastri; con questa architettura vuole colloquiare il nostro progetto.
Le case, realizzate in mattone faccia a vista, affacciano su una corte carrabile con cui formano un blocco compatto; due portali in testata chiudono lo spazio di ingresso ai box che, date le sue dimensioni, riesce a rievocare quello di una corte interna. Gli alloggi si sviluppano su più livelli a piani sfalsati. I soggiorni al piano rialzato affacciano su un giardino privato a una quota superiore rispetto a quella delle strade di bordo al blocco. Dalla strada si percepisce così una sorta di zoccolo, sempre in mattoni, nel quale vengono ricavati gli ingressi. Al livello superiore si trovano: un bagno, la cucina con una piccola sala da pranzo e una stanza. Da questi ambienti si accede a un balcone, coperto da una pensilina in ferro e vetro che guarda verso la corte. Salendo di un altro mezzo piano si raggiungono la camera matrimoniale, il bagno più grande e una camera per due persone. All'ultimo livello viene ricavata una terrazza recintata da alti divisori dalla quale si traguarda il paesaggio circostante. La distribuzione a livelli sfalsati permette un'altezza dell'edificio minore verso l'interno per avere un soddisfacente rapporto con le misure della corte.
Il mattone, utilizzato anche per la pavimentazione degli spazi aperti, è abbinato a parti metalliche verniciate in colore blu, come le pensiline in ferro e vetro che coprono le terrazze e i soggiorni.
I fianchi, dove si aprono i grandi portali di ingresso, fanno leggere la sezione dell'alloggio dando all'insieme un caratteristico profilo. Si è cercato, con poche e semplici soluzioni e attraverso l'uso dei materiali, di dare dignità architettonica all'intervento per il quale i vincoli di tipo economico erano dei più pesanti.
L'uso del mattone faccia a vista è stato gradito dai committenti per la sua economicità nel corso del tempo, non richiedendo la manutenzione delle facciate.

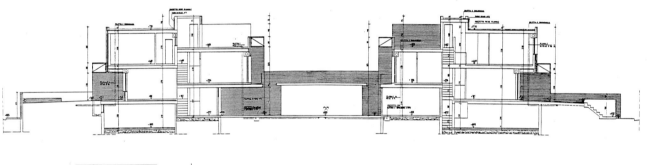

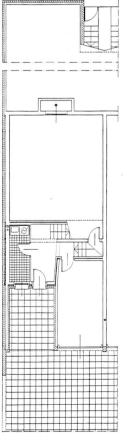
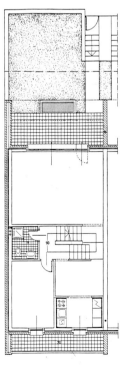
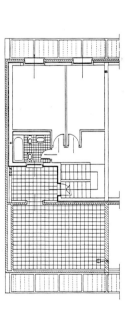

Sezione trasversale dell'intervento e piante degli alloggi.

Dettagli dei fronti e veduta della strada che attraversa l'intervento.

Giuseppe Barachetti

Casa bifamiliare a Cantello (Varese)

La casa sorge su un terreno irregolare posto ai margini di una lottizzazione a destinazione prevalentemente residenziale situata tra il centro dell'abitato di Cantello e la zona periferica.

Il contesto edilizio è eterogeneo e non offre particolari riferimenti progettuali in quanto privo di contenuti formali nonché architettonici.

Il progetto dell'edificio bifamiliare è determinato essenzialmente dalla ricerca di una tipologia compatta che risponda a criteri di massima economia della costruzione e di qualità spaziali dell'habitat interno, oltre a ricercare attraverso l'uso di un linguaggio compositivo fatto di forme e segni geometrici semplici (tipico delle preesistenze più significative quali cascinali, edifici del primo Novecento, chiese ecc.) un rapporto dialettico con il territorio in contrapposizione al disordine edilizio del contesto.

L'edificio, che contiene due appartamenti distribuiti su due piani, è costituito da un corpo a base quadrata posto a nord sulla parte pianeggiante del lotto lungo l'asse nord-sud che divide simmetricamente le due unità.

A sud il frontone con lunetta, il loggiato e il ritmo delle aperture caratterizzano il prospetto principale rivolto verso la strada comunale.

A nord il fronte è segnato dalle piccole bucature dei bagni e da un doppio portico a protezione degli ingressi.

A est e a ovest i prospetti sono risolti con aperture poste in relazione allo spazio esterno privato delle due unità.

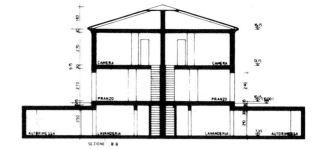

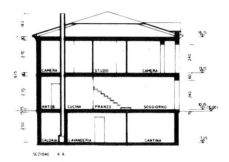

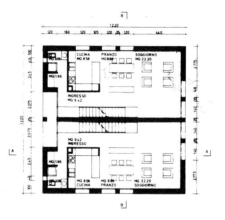

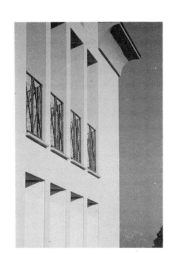

Sezioni, pianta al primo livello, dettaglio di facciata e veduta del fronte principale.

Giulio Barazzetta,
Massimo Sacchi

con Paolo Capponi
consulente: Giulia Mortara

Case a schiera a Bareggio (Milano)

Si tratta di un progetto di case di abitazione esemplari di due diversi tipi di intervento all'interno del contesto urbano: l'edilizia aperta di un piano di lottizzazione di case a schiera e un lotto di completamento di un isolato. I due interventi realizzati per conto di una cooperativa edificatrice sono destinati a una fascia di utenza economico-popolare.

Le tre case a schiera sono costituite dall'aggregazione a cinque e quattro unità di quattordici alloggi sviluppati su tre piani, due fuori terra e uno seminterrato con un piccolo giardino di pertinenza sul retro.

La disposizione planimetrica, inclinata di 45 gradi rispetto alla strada, è stata dettata dal piano di lottizzazione elaborato dall'amministrazione e imposto a tutti i progettisti. Questa condizione limitante – che non abbiamo condiviso – è stata oggetto di un affinamento compositivo originato dalla particolare giacitura del lotto assegnato al committente.

Le nostre case costruiscono il limite settentrionale di un grande spazio aperto delimitato a est e ovest da edifici alti quattro piani e da due grandi corti aperte.

In considerazione di questo elemento, l'orientamento casuale e indifferente dettato dal piano è stato modificato ribaltando uno degli edifici in modo da formare con i due maggiori una sorta di crescent.

Un portico di colonne di ferro, che comprende le abitazioni ed è rivolto verso la grande piazza, regge il tetto in laterizio e si appoggia sul basamento costituito dal piano seminterrato. Dalla strada interna si accede alla loggia del portico, e quindi alla casa, oppure all'autorimessa sottostante.

Sul retro i giardini sono rialzati di un metro dal piano di campagna e contenuti all'interno del muro basamentale.

Gli edifici sono a intonaco finissimo di colore giallo paglierino, mentre il basamento deve risultare a corsi orizzontali bugnati di cemento. I serramenti sono bianchi e le imposte di colore grigioverde. Le colonne sono smaltate in grigio chiaro, quasi bianco e gli elementi di legno graticciato lasciati naturali.

L'edificio di abitazione a tre piani è in costruzione sul lotto di un isolato a ridosso della piazza del paese. I sei alloggi, due per piano, sono distribuiti dalle scale accessibili direttamente dalla strada.

La giacitura dell'edificio definisce una piccola piazza in fregio alla strada, che verrà ceduta all'amministrazione comunale. Lo stesso edificio determina, verso l'interno dell'isolato, la chiusura della corte esistente, di proprietà della cooperativa.

Il fronte verso la piazza è disegnato dall'alternarsi di tre corpi verticali pieni con logge, pilastri o torri che contengono indifferentemente le stanze e il corpo scale, coronati da un'architrave e separati dalle logge delle abitazioni.

Alla base delle scale un piccolo portale di pietra segna l'ingresso alla casa.

Il fronte interno, segnato dalle aperture e dai balconi, è sorretto dal basamento che denota la peculiarità del piano interrato adibito a autorimessa.

Una modifica richiesta dal committente riguarda l'altezza del piano sottotetto: ciò porterebbe all'innalzamento del fronte e al suo coronamento, non solo mediante l'architrave, ma con tutta la trabeazione dell'ordine toscano poggiante direttamente sui tre corpi che abbiamo chiamato torri o pilastri.

La questione dell'uso degli ordini architettonici, e particolarmente dell'ordine gigante, negli edifici residenziali è stata affrontata in questi due progetti nella direzione tradizionale della "nobilitazione" dell'abitazione. In entrambi i casi ciò ha consentito un forte salto di scala e allo stesso tempo la frammentazione e l'arricchimento dei fronti urbani degli edifici. Appaiono così evidenti il procedimento analogico e i riferimenti diversi dei due progetti.

Per le schiere, la giustapposizione del porticato è rivolta alla citazione diretta del mondo delle case contadine, delle ville venete, delle barchesse e delle cascine lombarde, ma è stato anche ricercato il lessico anglosassone e in fondo nordico delle case coloniali americane, in cui l'uso del materiale non nobile conferisce alla citazione classicista un certo spostamento di significato in senso domestico.

Nella casa di città, le facciate delle case d'affitto ottocentesche milanesi indifferenti ai loro retri e alle soluzioni distributive diverse vengono citate riferendosi a quella idea di architettura sottesa all'ordine gigante che: "fa pensare a un gran palazzo semidiroccato e deserto nel quale si sia installato qualcuno che, trovando scomoda l'altezza, vi abbia ricavato dei soppalchi" (Perrault).

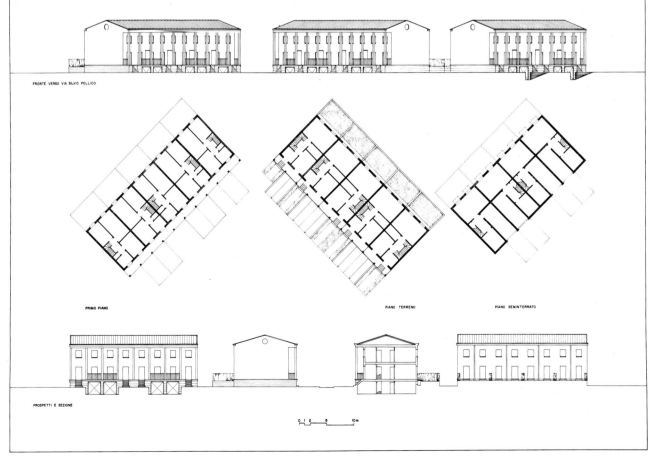

*Planimetria generale, piante, prospetti e sezioni.
Dettagli e vedute generali dell'edificio.*

Lorenzo Berni,
Aline Leroy,
Alberto Montesi

con Salvatore Andromaco,
E. Cossutti, A. Costanzia,
Mauro Galantino, Aldo Lino,
C. Ravano

Edificio residenziale a Monza
L'incarico progettuale ha permesso una più ampia ricerca sul tema dell'alloggio popolare in periferia, con la contemporanea edificazione di altri quattro interventi.
L'edificio si colloca, ai margini estremi di un grande comune limitrofo della provincia milanese, accanto a un altro edificio dello Iacpm in mattoni, costruito recentemente. Intorno, una eterogenea concentrazione di blocchi prefabbricati, condomini, fabbriche, villette, ma anche, a perdita d'occhio, un paesaggio ancora agricolo. Il terreno, vincolato solo da un piano regolatore, avrebbe permesso le più diverse planivolumetrie, la scelta progettuale è stata di una progettazione in subordine: inserirsi "a fianco", senza contrastare, seguendo in silenzio gli allineamenti, le quote d'altezze e i materiali di facciata dell'edificio contiguo.

Il progetto per Monza rappresenta il frammento di una più ampia ricerca sulla periferia dove le aree di intervento sono sempre di frontiera, dove l'unico elemento unificante è questa continua periferia che non è più campagna e una campagna che non è ancora città. In milioni di metri cubi di moderno solo i volumi delle fabbriche, le ciminiere misurano le distanze, perimetrano le zone, costruiscono un'immagine, un luogo. Una sperimentazione spesso racchiusa e limitata da inutili e rigidi planivolumetrici, da normative inspiegabilmente contraddittorie fra un comune e l'altro, da costi di costruzione nettamente inferiori al prezzo di mercato, da richieste morfologiche, tipologiche, tecnologiche sempre diverse. Eppure sembrava un'occasione per tentare di superare quell'artificiosa e tragica divaricazione tra centro, il luogo della conservazione sotto vuoto dei "valori", e periferia, luogo dell'amnesia collettiva e dell'eclissi della qualità.

Forse di questo lavoro rimane solo una sorta di approccio etico al progetto quasi di dimostrare che l'architettura, è un disegno, ma anche combinazione di tecniche, di materiali di misure, di osservazioni, di rilievi e che non esiste un quotidiano tanto insignificante su cui l'architetto non possa lavorare. Spesso è stato solo un lavoro faticoso, una continua verifica di "principi" e consuetudini, magari ripartendo dal rapporto fra vecchie tecnologie edilizie e produzione corrente.

Il mattone a faccia vista è il rivestimento di una struttura in cemento armato, le finestre sono in acciaio preverniciato verde, le stesse rifiniture sono quelle disponibili sui cataloghi. Alla fine rimangono solo dei gesti primordiali: collocare un edificio, aprire un vuoto nel volume, colorare un serramento, porre una porta. "Molto lavoro su poca materia". Magari una sfumatura, una piccola variazione di materiale, il sorriso di un inutile ornamento, il ricucire delle linee sfrangiate, il ripetere.

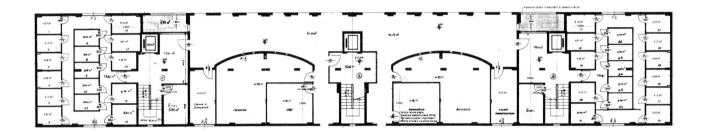

Piante del piano terreno e del piano tipo, prospettiva e vedute.

Renato Bollati,
Sergio Bollati,
Guido Figus

Edificio per uffici e abitazioni a Roma

L'impianto planivolumetrico del progetto segue le indicazioni di un piano particolareggiato comunale che fissava altezza, dimensioni planimetriche, numero dei piani e loro destinazione.
La progettazione, impostata su una organizzazione tipologica a corpo quintuplo, si è posta l'obiettivo di una riproposizione e riqualificazione, in termini architettonici e ambientali, degli edifici "intensivi", così frequentemente (e malauguratamente) adottati nella zona e, in genere, nelle aree di espansione attorno al centro storico.
La composizione dell'intero volume architettonico è rigorosamente impostata su diversi piani di simmetria verticali, paralleli o ortogonali: le fronti minori opposte sono, nel loro spartito generale, assolutamente identiche. Così pure la fronte più estesa, verso la piazza, ripete quella opposta. Ciò conferisce all'insieme una serrata unità, accentuando la connessione organica delle diverse articolazioni e attribuendo all'edificio una sua autonoma e totale individualità.
Un tale così marcato rigore compositivo è anche scaturito dal desiderio di ritrovare un criterio unificante che riscattasse e assorbisse, in un sistema di insieme molto vincolante, le eterogenee articolazioni funzionali: la diversa destinazione dei primi tre piani (uffici) e dei sei piani superiori (abitazioni) poneva i progettisti davanti al rischio di una dicotomia il cui superamento è stato perseguito proprio attraverso una forte connessione organica.
L'indefinitezza e mancanza di gerarchie funzionali nei primi tre piani sono state chiaramente denunciate dalla vetrata continua indifferenziata.
Sono invece i sei piani superiori (appartamenti duplex) a suggerire il senso del volume architettonico, della parete, dei rapporti tra pieni e vuoti, a ritrovare insomma le articolazioni grammaticali e sintattiche di un linguaggio architettonico più ricco di riferimenti e dunque di potenzialità semantiche.
I fulcri compositivi primari, i piloni binati che scandiscono le fronti maggiori, denunciando la distribuzione dei percorsi verticali (scale e ascensori), scavalcano la scatola vetrata dei primi tre piani per riconnettere al suolo, come un perentorio ordine gigante, gli spartiti architettonici dei piani superiori.
La conclusione dell'intero discorso compositivo è affidata all'ultimo piano (ai soggiorni e ai loggiati degli ultimi appartamenti duplex), i cui mensoloni di sostegno della copertura riprendono le scansioni ritmiche della parete e disegnano il cornicione di coronamento, riproponendo uno schema frequente in molti palazzi romani sei-settecenteschi.
La copertura è a volta e ciò è certamente insolito nell'architettura civile romana, ma tale scelta è derivata non da gratuite motivazioni: intanto dalla considerazione che un coronamento con tetto a falde è più adeguato a edifici o di piccola dimensione o di più essenziale spartito architettonico, che non come conclusione di un edificio multipiano. La copertura a volta contiene e maschera l'eterogenea molteplicità dei volumi pertinenti agli impianti tecnici.
Assumono invece una loro spiccata emergenza i terminali dei piloni binati. Nei vuoti interposti ai piloni corrono gli ascensori esterni: è una interessante "promenade architecturale" assistere al dilatarsi dell'orizzonte verso gli spazi circostanti (la collina dei Parioli, il Lungotevere) via via che si sale. Extracorsa, macchinari ecc., data la loro posizione eccentrica, non potevano essere contenuti nel cavo della volta di copertura. Da qui il pretesto per un terminale che concludesse, attribuendo ulteriore accentuazione ai piloni, sottolineandone la funzione primaria di fulcro compositivo dell'intero sistema strutturale, planimetrico, funzionale, distributivo.

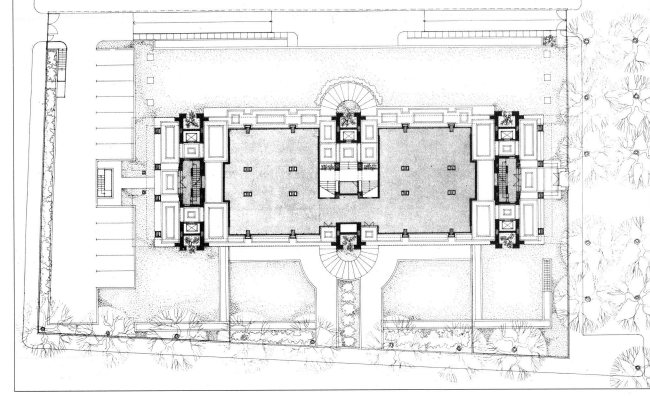

Dettaglio di facciata e pianta del piano terra. Fronte principale, testata e veduta.

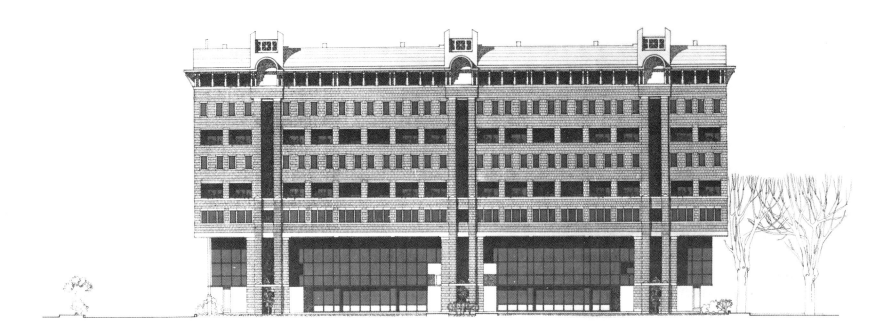

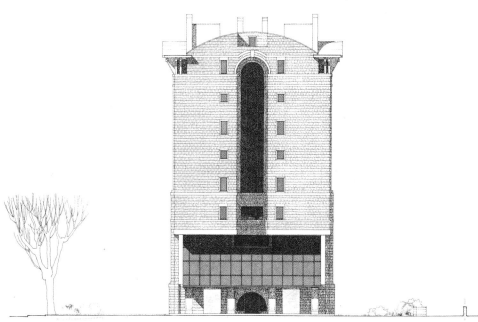

Adalberto Caccia,
Paolo Colombo,
Rita Mangone,
Paolo Monti

Edificio residenziale in Bollate (Milano)

Un piano di recupero è alla base della progettazione dell'edificio in questione; le sue dimensioni in pianta e in alzato, volute dallo strumento urbanistico, sono state accolte dai progettisti come vincoli progettuali.

Queste dimensioni, così come la localizzazione, hanno suggerito la scelta di una tipologia assai diffusa nell'hinterland milanese, ma spesso mal interpretata: la casa unifamiliare a schiera.

Individuato il tema, lo svolgimento dello stesso si è presentato come "relativamente semplice" in forza anche della volontà dei progettisti di non trasformare un piccolo edificio in un monumento alla loro "presunta bravura".

L'individuazione architettonica delle unità immobiliari, la definizione formale delle testate dell'edificio, eliminando così l'impressione spesso assai ricorrente di un manufatto da vendersi "a metro", sono i problemi che i progettisti hanno affrontato e le cui soluzioni sono ora giudicabili nella spietatezza dell'edificio oramai costruito.

Da un punto di vista più strettamente funzionale va sottolineata la scelta di un percorso pedonale su cui si affacciano le corti d'ingresso delle abitazioni; questo spazio, pavimentato in beola come il percorso, tende a configurarsi in immagine urbana, recuperando gli aspetti di un vivere "civile" e allontanandosi dal ricorrente senso di provvisorietà che molto spesso provocano gli interventi che sorgono, come questi, nell'immediata periferia milanese.

L'edificio è composto da otto unità immobiliari, la finitura esterna è a intonaco, le pavimentazioni esterne in beola, i serramenti in legno colorato, il tetto così come le pensiline e le zone porticate sono in lastre di rame messe in opera su piano di appoggio continuo.

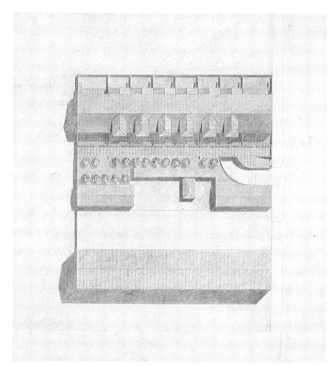

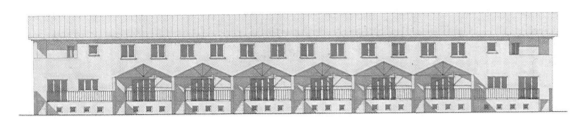

*Planimetria generale e prospettiva.
Prospetti, veduta generale e particolari.*

Michele Cannatà,
Fàtima Fernandes

Edificio residenziale a Polistena (Reggio Calabria)
Polistena, seppur di modeste dimensioni, è uno dei più importanti centri della piana di Gioia Tauro. Colpita da due rovinosi terremoti (1783 e 1908), ha conservato poche tracce del più antico passato. Particolarmente interessante è la parte ricostruita dopo il primo terremoto. Una scacchiera gerarchicamente articolata su un impianto settecentesco. Edifici religiosi e palazzotti nobiliari, spazi per le manifestazioni pubbliche e un tessuto minore residenziale che rimanda alle città di fondazione.
Insieme a tale parte urbana, alcuni caratteri di interesse architettonico si possono incontrare nelle aree rurali. Si tratta di insediamenti agricoli che si configurano come nuclei a corte, autosufficienti, costituiti dalla presenza della chiesetta, della residenza padronale e delle case dei contadini. Il palazzotto urbano con il patio a cielo aperto e alcune tipologie rurali a ballatoio sono stati i riferimenti con cui il progetto realizzato ha voluto confrontarsi. L'intervento si articola in quattro edifici. Due, per complessivi quindici alloggi sono ubicati in località Grecà. Un'area di recente espansione oltre la linea ferroviaria caratterizzata dalla presenza di interventi di edilizia residenziale di tipo economico e popolare, priva di servizi, marginale rispetto al centro urbano. Gli altri dodici alloggi sono ubicati in località Alessi. Un'area sul bordo di una scarpata prospiciente una "fiumara" ai margini del tessuto urbano settecentesco. Un supporto morfologico a terrazze di particolare pregio in termini paesaggistici.
Tutti gli edifici sono su quattro piani, con il piano terreno o seminterrato occupato dai garage e dai locali tecnici.
I quindici alloggi sono inseriti in due edifici distinti. Il primo con alloggi distribuiti su due ballatoi accessibili da una scala esterna che danno accesso a alloggi simplex e duplex. L'altro si configura come edificio in linea con l'accesso agli alloggi dalla testata. Un taglio alto nove metri sulla parete priva di altre bucature ne enfatizza l'ingresso.
I dodici alloggi in località Alessi, divisi in due edifici a L con due alloggi per piano, sono distribuiti da una scala che si sviluppa intorno a un patio chiuso completamente da muri ciechi sui lati e privo di copertura.
Costruttivamente, gli edifici sono stati realizzati con strutture in cemento armato antisismiche in forma tradizionale con tamponature in laterizi a cassa vuota.
Le parti comuni, scale, ballatoi, corsie di accesso ai garage, porticati, prospetti, piani di copertura, sono proposti come fatti indipendenti dal singolo alloggio, rivolti verso gli spazi collettivi nel tentativo di costruire nuovi e forti episodi urbani.
La scala esterna, che conduce ai ballatoi, costruisce un grande schermo prospettante sull'area di gioco. La piccola gradonata di accesso, base del grande taglio d'ingresso ai sei alloggi, è pensata come il supporto agli spettatori di un piccolo anfiteatro, mentre il cilindro sul fianco è una scultura inserita in un percorso di gioco. Il porticato è un attraversamento urbano coperto.
Le superfici curvilinee dei prospetti negano le semplicistiche indicazioni urbanistiche del singolo edificio per ritrovare una più semplice unitarietà architettonica di tutto il progetto. L'intonaco bianco, più che richiamarsi a una scelta di contestualizzazione mediterranea, esprime con forza una scelta di neutralità e distacco rispetto alla confusione dell'intorno.
Gli infissi, le ringhiere dei ballatoi e delle verande, le pietre dei davanzali, le pavimentazioni esterne si riferiscono ai colori, alle forme e ai materiali della tradizione locale. I limiti economici dell'intervento non hanno scoraggiato uno studio attento per la migliore precisazione dei dettagli costruttivi.

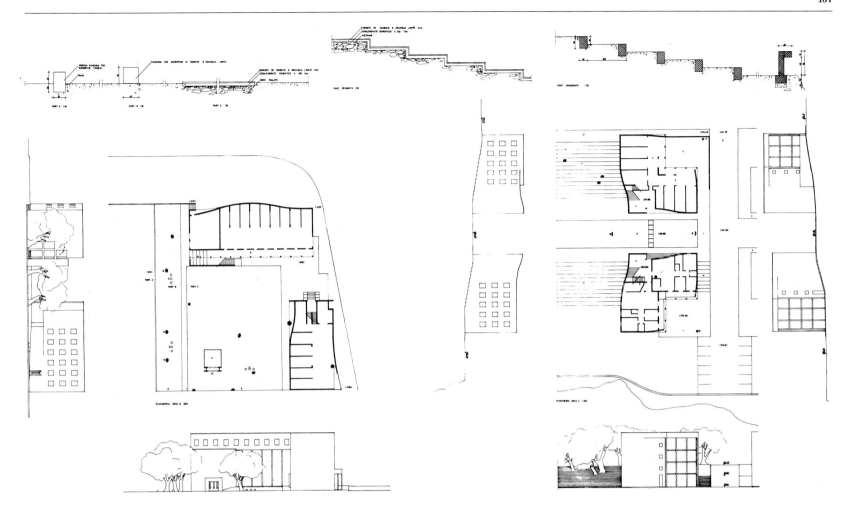

Planimetria generale, piante, prospetti, sezioni e vedute dei due interventi.

Carlo Chiarini,
Luigi Cremona,
Italo Melanesi

Residenze a Tor Sapienza (Roma)

L'edificio è stato realizzato per conto del Consorzio cooperative di abitazione, Associazione italiana casa. Il lotto è delimitato, sui fronti lunghi, a ovest dalla via G. Morandi e a est dalla strada che collega la via Collatina con la via Prenestina. Il complesso è costituito da un corpo di fabbrica principale a sviluppo lineare alto sette piani, e da una parte basamentale, con altezze variabili di uno o due piani, a sviluppo orizzontale. Il corpo di fabbrica principale contiene sia alloggi simplex distribuiti o direttamente dai corpi scala o attraverso ballatoi, sia alloggi duplex che sono sempre serviti dai ballatoi e sono posti agli ultimi due piani. L'ubicazione degli alloggi duplex e il tipo di distribuzione (a ballatoio) sono dovuti, oltre che a una scelta compositiva (la volontà di segnare con forza i piani di coronamento dell'edificio), anche alla iniziale ipotesi di avvalersi di collettori solari per la produzione di acqua calda; il che comportava la necessità di avere un piano di copertura totalmente libero e privo di volumi tecnici.

Le diverse condizioni dei due fronti dell'edificio (quello a ovest, verso la via Morandi, caratterizzato da ampie visuali su zone destinate a verde e quello a est, invece, affacciato sul distacco con un edificio di sette piani) hanno determinato la scelta di alloggi a doppio affaccio e il posizionamento di scale, ascensori e ballatoi sul fronte est.

La parte basamentale dell'edificio, costituita da case a patio e da case a schiera, gradonate, con relativi giardini, deriva oltre che da una precisa scelta formale anche dalla volontà dei progettisti di riaffermare la validità di alcune tipologie poco usate, oggi, nell'area metropolitana romana, ma che hanno riferimenti sia nell'architettura contemporanea (come l'intervento di Libera al Tuscolano) che nella storia più antica dell'architettura di Roma.

L'articolazione spaziale del basamento (come già detto a sviluppo orizzontale e gradonato) si adatta, inoltre, alle condizioni orografiche dell'area che ha un perimetro irregolare e una forte pendenza. I due sistemi (quello verticale-lineare e quello basamentale) trovano la loro connessione nello spazio pedonale coperto del piano terra che distribuisce sia le case unifamiliari a patio e giardino che gli atrii dei piani superiori del corpo di fabbrica alto. Tale spazio ha un vero e proprio carattere di strada pedonale: la sua configurazione complessa (sia planimetricamente che nella sezione verticale ad altezze variabili) determina una successione di spazi per la sosta e di ampi vuoti che attraversano ortogonalmente l'edificio creando visuali molto profonde. Il carattere di strada è sottolineato oltre che dall'uso dei materiali (quali il mattone a faccia vista anche nelle pareti interne e la pavimentazione in lastre di cemento e ghiaia a due colori che disegnano il percorso delle zone di sosta) anche dal fatto che il percorso è ritmato, sul lato est, dalla successione del verde dei giardini che si intravedono attraverso le bucature dei muri di recinzione, anche loro in mattoni a vista.

Tutto l'edificio, fatta eccezione per le rampe scale e per i solai, è realizzato con tecniche costruttive tradizionali in quanto anche la preventiva analisi dei costi (confermata in sede di consuntivo) non aveva dimostrato un risparmio significativo a favore di un sistema di prefabbricazione che compensasse sia la inferiore qualità dei materiali impiegati sia la più elevata spesa dovuta ai costi di manutenzione. Nell'edificio, infatti, sono stati impiegati materiali durevoli quali il mattone a faccia vista, soglie e imbotti in cemento, pavimenti esterni in quadrotti di cemento e ghiaia; muri di recinzione esterna o in cemento o in mattoni a vista; copertura delle case basse con ghiaia di fiume. Infine gli infissi esterni sono in legno laccato bianco, con vetrocamera.

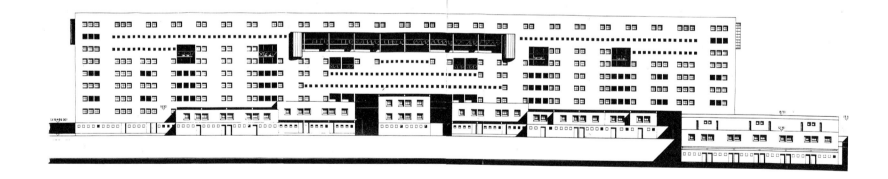

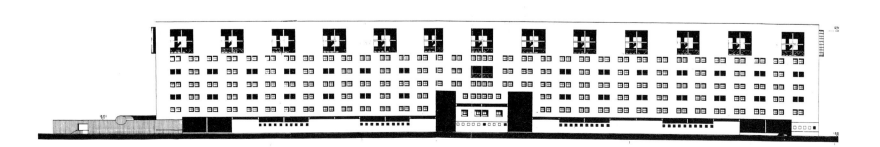

Fronti principali, sezione trasversale, veduta e pianta del piano terreno.

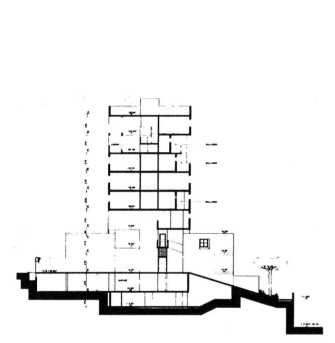

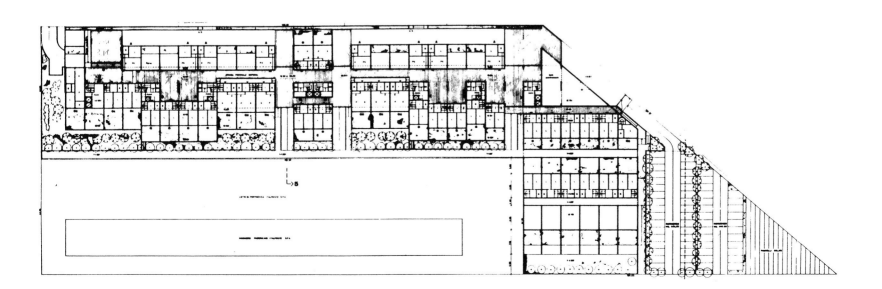

Stefano Cordeschi

con R. Porri

Edificio residenziale a Acquapendente (Viterbo)

Il piano di recupero di Acquapendente si inserisce nel quadro di una più vasta politica di recupero urbano del centro storico perseguita dall'amministrazione comunale e ha come obiettivo la rivitalizzazione di un intero comparto all'interno del tessuto cittadino.

Il progetto consiste in una operazione di rivalutazione generale di un tratto dell'antico corso della città in prossimità della piazza del Duomo.

Il piano, comprendente la realizzazione di due nuovi edifici, è suddiviso in due unità minime di intervento delle quali la prima è in corso di realizzazione. Essa prevede la realizzazione di un edificio in linea su tre piani servito da due corpi scala e con copertura a falde. Il piano terreno è destinato in parte ad attività commerciali e, in parte, ad autorimesse. I due piani superiori sono destinati a residenze per un totale di otto appartamenti.

Il nuovo edificio va a innestarsi nel centro storico, in una zona piuttosto omogenea dove il ruolo di emergenza andava lasciato svolgere alle importanti preesistenze compresenti nell'area come il duomo e alcuni tratti delle antiche mura di cinta. Il progetto, impostato su una organizzazione tipologica "convenzionale", si pone l'obiettivo primario di una forte caratterizzazione dei prospetti ottenuta con l'uso di materiali naturali nell'osservanza della più assoluta semplicità costruttiva e nel rispetto della cultura locale dell'edificare.

Le notevoli differenze che caratterizzano l'affaccio e l'orientamento dei vari fronti dell'edificio hanno suggerito una marcata differenziazione dei prospetti. La facciata sud che prospetta sulla via Cassia è caratterizzata dall'alternanza ordinata di logge ombrose e di masse murarie compatte, mentre quella a nord, risolta da una semplice teoria di finestre, si pone, senza soluzione di continuità, con gli edifici limitrofi, a definire l'invaso dell'antico corso cittadino.

Nel disegno dei prospetti si è cercato di privilegiare sempre la continuità dissimulando tutti gli elementi di cesura determinati dall'organizzazione tipologica. Questo criterio è stato adottato sia in orizzontale, distanziando con regolarità gli elementi compositivi e rendendo i corpi scale omogenei alle murature piene, che in verticale, introducendo nei loggiati un ordine di pilastri che superasse la meccanica sovrapposizione dei vari livelli includendoli in un disegno unitario.

La soluzione finale adottata è il risultato di una ricerca condotta sull'ordine architettonico e sulle sue possibili contaminazioni e trasformazioni, applicate a una struttura tipologica sperimentata e accettata come un elemento dato.

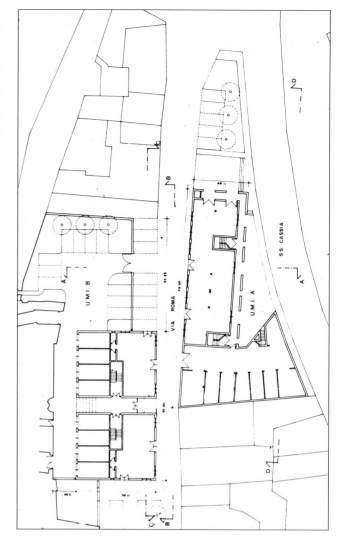

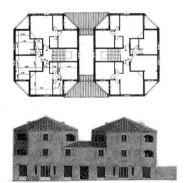

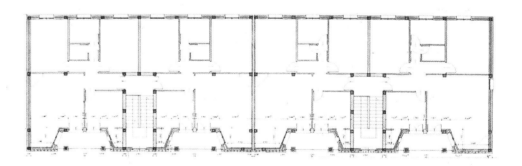

Planimetria generale, piante e fronti dei due edifici.
Dettaglio di un fronte e disegno prospettico di un edificio dalla strada.

*Dettagli dei fronti esterni.
Vedute d'insieme.*

Vittorio De Feo

Abitazioni economico-popolari a Ponte della Pietra (Perugia)
I tre edifici, due in linea e il terzo, intermedio, a blocco, fanno parte di una sequenza costante di volumi edilizi di cui un planivolumetrico comunale precisa le posizioni, le cubature e le dimensioni di sviluppo.
La progettazione tende ad attribuire delle valenze architettoniche agli schematici vincoli di premessa. Per indurre la suggestione di una maggior altezza l'edificio centrale è ripartito dalle profonde fessurazioni di quattro torri minori, aventi una superficie al piano, pari a quelle dei singoli alloggi.
La simmetria della impostazione planivolumetrica è accentrata alla verticalità assiale delle logge vetrate.
La più precisa geometria dell'edificio centrale contribuisce ad affermare la sua prevalenza sui due laterali che sono notevolmente frammentati da aggetti, logge e terrazze. Le due linee formano quinte prospettiche della piazza, dominata dal fondale dell'edificio a blocco. La piazza sarà in gran parte a prato.

con P. Belardi, C. Saggioro

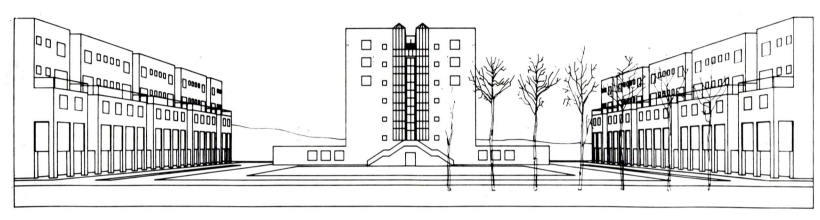

Prospettiva e vedute della corte, della torre e scorcio dei portici.

Vedute dei due fronti.

Angelo Del Corso

consulente: Luciano Crespi

Casa Albini a Induno Olona (Varese)

L'intervento consiste nella riprogettazione di un edificio esistente, realizzato all'inizio degli anni settanta, e rimasto al rustico. L'interesse della committenza era riposto sia in una migliore utilizzazione e sfruttamento del volume costruito, con l'introduzione di un nuovo piano seminterrato, dove prima era volume libero; sia nella creazione di un'immagine più significativa e rappresentativa e di un collegamento pedonale con i box, realizzati a margine della strada di accesso situata a valle del pendio scosceso, in cima al quale è localizzato l'edificio.

Proprio l'elemento scala, di collegamento tra i box e la casa, costituisce uno degli elementi ordinatori del progetto: un segno forte tracciato nel paesaggio che implode nel portico aggrappato al terreno; da qui si sviluppa, in verticale, l'intelaiatura di sostegno della balconata al primo e dei balconcini al secondo piano: punti di esplosione degli spazi interni verso il vuoto e il paesaggio.

Come in uno scenario teatrale, le quinte si susseguono l'una all'altra, fino al porticato che si libera, sul fianco dell'edificio, a creare un filtro, a introdurre un elemento di mediazione, una pausa nei confronti dei successivi sviluppi dell'intervento. La risalita riprende tramite le due scalinate, che fiancheggiano l'edificio e che si inerpicano sino al piano d'ingresso, situato a monte.

Il fronte è, qui, dominato dalla presenza del volume della torre contenente il blocco scale, portato all'esterno per esigenze funzionali e rappresentative: il rivestimento in ceramica grigia, lo stesso della zoccolatura della casa, enfatizza il verticalismo della torre, che aspira a dialogare e a competere con il campanile medioevale della prospiciente chiesetta di San Pietro in Silvis.

Alla forte caratterizzazione dei due fronti principali, cui è assegnato il compito di ricercare un colloquio con l'esterno, di riaffermare una funzione civile anche dell'architettura privata, si contrappone la calibrata misura delle facciate laterali: con le quali si vuole dare espressione all'idea di mantenere leggibile il carattere di domesticità dell'edificio, attraverso il prudente ripiegare – per effetto delle loggette – della casa su se stessa. Il risultato ottenuto può essere considerato una nuova architettura che, di quella esistente, preserva, ridefinendoli, alcuni caratteri: l'ubicazione suggestiva sul terreno; l'insolita esiguità della superficie di piano; la configurazione del tetto.

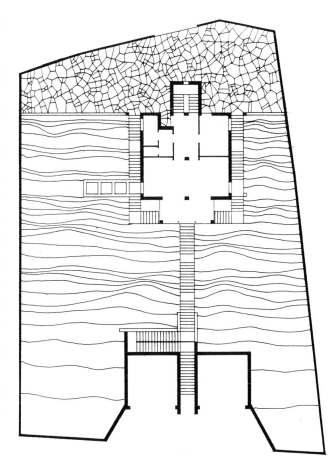

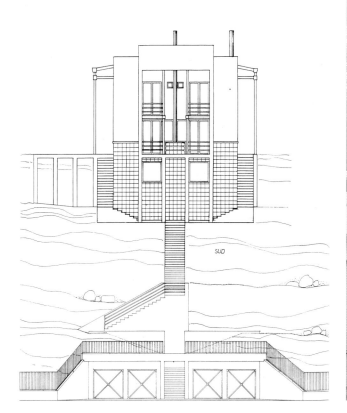

Planimetria, prospetto principale e veduta del fronte d'ingresso.

Vincenzo Di Florio,
Pier Luigi Tranti

Ampliamento di una casa colonica ad Atessa (Chieti)
Nella concezione generale del progetto vi è la volontà di conservare la memoria delle case coloniche e delle ville padronali, numerose nel contado di Atessa. Al piano terra troviamo le funzioni del giorno e dello stare insieme mentre al piano superiore quella della notte. L'orientamento e la posizione rispetto all'esistente, la volumetria semplice e la forma delle bucature accrescono la percezione e l'impatto visivo di questo piccolo edificio; il suo paramento murario, completamente realizzato in mattone locale, sembra nascere dal terreno, per poi lasciare spazio a vetrate che riflettono la luce e i colori della campagna circostante. Vuole dunque essere un edificio moderno che si va a inserire in un contesto architettonico "vernacolare".

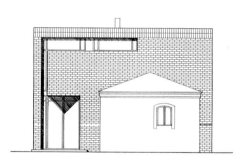

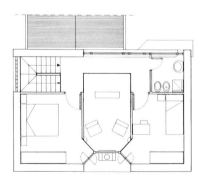

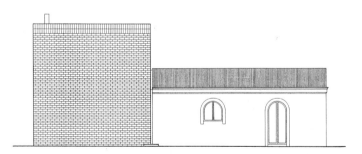

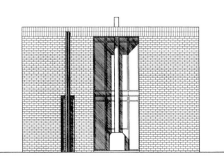

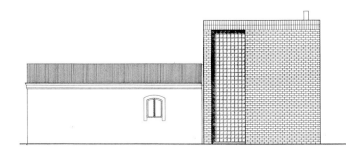

Vedute degli esterni, piante e prospetti.

Giulio Fioravanti

Intervento residenziale a Ponticelli (Napoli)

La formulazione del progetto si basa su tre fondamentali elementi: la conservazione urbanistica del tessuto, mediante la riproposizione di tre nuove corti e la ricomposizione della cortina stradale continua; la conservazione tipologica, mediante la scelta della casa a corte con alloggi monoaffaccio, che costituisce la reale e unica invariante tipologica del tessuto urbano; l'uso del sistema distributivo esterno al corpo di fabbrica, elemento costante di tutte le varianti tipologiche dell'edificato storico, come unica struttura formalizzante i volumi e gli spazi della nuova corte.

Il corpo a fronte continuo su via Crisconio, data la sezione ridotta della strada storica e la sua impraticabilità pedonale, si affianca alle corti realizzando una "intercapedine urbana" ovvero una strada pedonale parallela, attrezzata con locali per il commercio e l'artigianato. L'asse organizza tutta la distribuzione differenziata dell'area: su di esso si aprono gli accessi alle corti residenziali e si innestano perpendicolarmente i due vicoli interni che connettono il percorso pedonale parallelo che chiude l'intervento sul lato opposto. Tale percorso, strada-margine ricavata dalla copertura della strada di distribuzione ai parcheggi interrati della residenza, è misurato dalle corti che vi si affacciano e attrezzato con luoghi di sosta porticati e con gradoni praticabili che mediano e raccordano la quota superiore della strada carrabile esterna. L'articolazione del percorso è scandita dalle testate dei corpi residenziali delle corti, caratterizzate dall'ingresso dei vicoli trasversali. La sua conclusione è in una sorta di slargo a più livelli su cui si affacciano, a chiudere, l'edificio del centro anziani e due residenze gemelle, che fanno parte di un primo stralcio di edificazione del piano di recupero di Ponticelli. Purtroppo, una volta realizzato il progetto, per problemi di gestione e competenze di lotto, non è stato possibile realizzare questa continuità di percorrenze tra questa porzione del centro storico e i nuovi lotti residenziali. L'intervento, al momento, more solito, si chiude su se stesso.

L'edificato continuo lungo la via Crisconio trova la sua misura in rapporto col cavo stradale esistente tanto per l'altezza, quanto per la giacitura, sagomata sulla memoria delle vecchie corti demolite. La scansione e la formalizzazione del prospetto sono date dagli elementi riorganizzatori dell'area d'intervento: la dimensione delle corti, dei vicoli, dei ballatoi e delle scale; una sorta di "estrusione" dell'intera struttura del progetto che si rilegge sul prospetto.

All'interno di questa scansione, l'organizzazione degli alloggi è prevista con simplex al primo piano, distribuito a ballatoio, e duplex ai due piani superiori, distribuiti in linea. L'accesso agli alloggi è sempre ricavato dalla prosecuzione del sistema distributivo della corte prospiciente.

Il sistema distributivo (scale e ballatoi) nasce dallo spazio centrale delle singole corti e, avvolgendosi attorno al corpo di fabbrica e modificandosi ai vari piani, formalizza i prospetti dei corpi, delle strade pedonali e dei vicoli, fino al taglio conclusivo nel fronte su strada.

Data la scelta costante di corpi monoaffaccio di sei metri, si è affidato proprio a questa variante distributiva delle scale la capacità di restituire la memoria della complessità tanto degli spazi quanto dei percorsi della residenza storica di Ponticelli.

La ricchezza spaziale ottenuta ha ammesso una scelta di materiali estremamente poveri: un rivestimento omogeneo per le residenze (intonaco rosa e infissi verdi) e lastre di cemento lavato con ricorsi in mattoni posti di taglio per gli spazi collettivi.

Il rivestimento superiore delle murature, che corre come un segno continuo su tutto il costruito, è stato realizzato in cemento con graniglia di basalto.

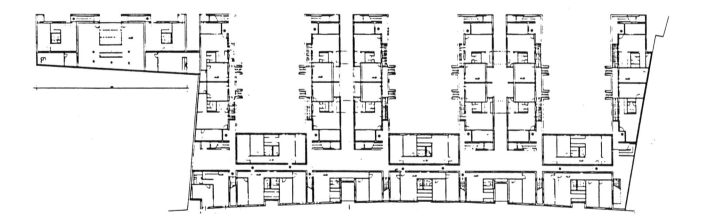

Piante al piano terra, veduta di una corte e scorcio delle testate.

Luigi Franciosini,
Antonino Saggio

Consulenti: U. Morena,
L. Prestinenza

Villa a Sutri (Viterbo)

La casa comprende: uno studio medico, l'abitazione principale con quattro stanze da letto, un appartamento autonomo al piano terra e locali di servizio, deposito e cantine.

L'edificio è stato costruito in un piccolo centro della provincia di Viterbo distante solo 35 chilometri dal raccordo anulare di Roma. Si trova in una località denominata San Benedetto a circa due chilometri di distanza dal centro del paese.

Il fabbricato ha un andamento longitudinale che intende collegare con la sua presenza i due limiti naturali del sito: il volume edificato ha quindi un inizio dalla strada e una fine nella forra.

La casa divide il terreno in due parti: l'una a meridione dilatata verso il paesaggio e Sutri, l'altra, più ristretta, a settentrione.

Una inclinazione di circa trenta gradi rispetto all'ortogonalità del perimetro è stata prescelta al fine di trarre vantaggio della luce proveniente da sud e della vista del centro antico di Sutri.

La compattezza con cui il volume edificato si pone nel terreno ha permesso di conservare gran parte degli alberi di nocciole esistenti.

La casa è stata costruita in muratura continua (blocchetti di conglomerato cementizio e argilla espansa) sfruttando una tradizione costruttiva consolidata nell'area ma scontando la relativa inesperienza delle maestranze nel trattamento a faccia vista. Nelle situazioni nodali si è fatto ampio ricorso al vetro cemento. Gli infissi, alcuni di grandi dimensioni, sono in alluminio anodizzato nero opaco con vetro camera. La pavimentazione interna è in clinker marrone bruciato, quella esterna in blocchetti di tufo.

I solai sono in latero cemento intonacato e lasciato a vista. Ringhiere, capriate, camino, cancelli e recinzioni sono in ferro verniciato di nero. Le soglie e tutte le finiture sono in peperino, la copertura è piana con ghiaia e argilla espansa.

La caratterizzazione esterna deriva direttamente dalle scelte di localizzazione nel terreno, dal programma planimetrico e dai materiali. La necessità di un segno di collegamento tra i due margini naturali dell'area ha trovato soluzione nel trattamento forte e continuo del volume mentre il programma distributivo ha fornito episodi di arricchimento plastico: la zona di ingresso è stata scavata all'interno dando l'effetto di portico, il nodo distributivo verticale è stato evidenziato dal protendersi all'esterno della scala al giardino e – sul fronte opposto – dalla trasparenza della massa cilindrica della scala al piano inferiore; la zona notte è stata protetta all'interno del volume attraverso un arretramento della parete rispetto alla copertura, la cucina e l'ambito esterno di pertinenza sono stati evidenziati con il ricorso all'andamento curvilineo della parete di vetro cemento. Il volume, in definitiva, pur subendo una serie di sottrazioni (e una importante dilatazione nella scala al giardino) ha mantenuto la sua unità geometrica attraverso la continuità della copertura e della sua trave di delimitazione. Il rapporto interno-esterno delle diverse zone varia in relazione alle caratteristiche funzionali degli spazi, ma anche in relazione alle diverse qualità del paesaggio circostante.

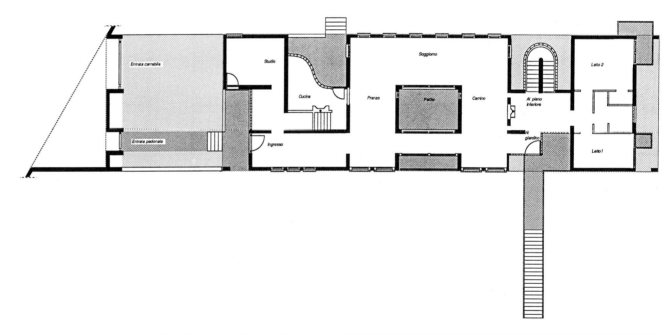

Pianta e vedute esterne.

Roberto Fregna, Salvatore Polito

Edificio residenziale a Sant'Agata Bolognese (Bologna)

L'intervento in oggetto è compreso nel piano di recupero di cui la parte di maggiore entità è occupata dai fabbricati della scuola media, recentemente restaurati. La porzione riservata all'edilizia residenziale è rappresentata da questo solo fabbricato che si colloca all'angolo fra la via Delle Scuole e via Terragli a Levante.
Tipologicamente il progetto prevede la realizzazione di alloggi duplex disposti a schiera sul fronte di via Delle Scuole che occupano il piano terreno e il primo piano; ciascuno è composto di una stanza di soggiorno, cucina, un servizio, un cortiletto privato e una loggia con scala che porta alle due stanze con servizio poste al piano superiore.
Sopra ai duplex si colloca un piano attico, a cui si accede direttamente da una scala esterna. A questo piano, distribuiti da un ballatoio, si dispongono degli appartamenti più piccoli composti da una grande stanza di soggiorno con alcova, la cucina, il bagno con antibagno.
Nell'insieme vengono così realizzati sei alloggi alcuni monolocali, altri duplex.
In questo lotto secondo le previsioni del piano di recupero, l'intervento si attua prima mediante una demolizione e dopo con una ricostruzione.
Costruttivamente il fabbricato verrà realizzato in muratura di mattoni lisci faccia a vista.

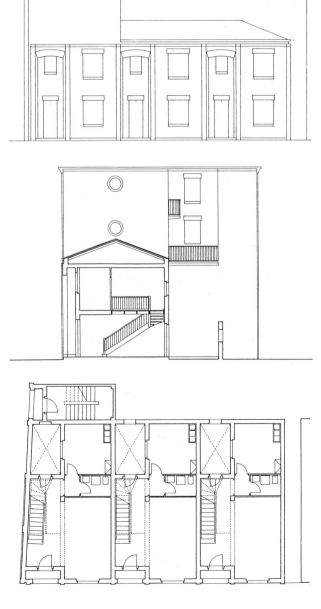

Prospetto, sezione, pianta e scorci dei fronti.

Fernando Grattirola,
Alberto Gozzi,
Pietro Balgera,
Gino Patriarca

Edificio per uffici e appartamenti a Sondrio

La Valtellina è un'area geografica ricca di suggestioni paesaggistiche, con nuclei urbani storici dalle costruzioni semplici ma che denotano un'alta capacità costruttiva nell'impianto tipologico-distributivo e nell'uso dei materiali locali. In questa regione, accanto a queste architetture dai forti caratteri regionalistici, si trovano poi alcuni dei più importanti esempi dell'architettura degli anni trenta dovuti a Terragni, Cattaneo, Nervi, Muzio.
È dall'analisi di questi diversi modi di intervenire, che comunque si pongono sempre in diretto rapporto con il luogo, anche se con linguaggi diversi, che nasce questo edificio con i propri specifici caratteri.

Si tratta di un edificio costruito a lato di una delle principali vie di Sondrio, in una zona connotata da palazzine residenziali con cortili privati, molte delle quali edificate alla fine dell'Ottocento.
L'edificio assume il carattere del palazzo: si pone sulla strada e adotta un impianto distributivo facilmente leggibile con due corpi scala. Nella parte retrostante si sviluppa il cortile con il giardino e l'area per le autorimesse interrate. Verso strada il palazzo appare austero e rigoroso con due corpi di testata leggermente sporgenti rispetto al corpo centrale e le finestrature ravvicinate. I corpi scala sono contrassegnati, sulla facciata, da aperture ad arco a tutto sesto, a riprendere il rapporto fra corpo scala ed esterno tipico di alcuni edifici a corte valtellinesi. L'edificio termina con un attico dai volumi rientranti rispetto alle facciate, segnato da un ampio cornicione in granito serizzo.
Gli altri lati si pongono più in rapporto con il verde e con la vista delle montagne circostanti, con logge e ampie balconate contornate da ringhiere continue in ferro verniciato.
I caratteri e gli elementi dell'edificio sono semplici, sottolineati dall'uso di materiali locali nelle parti qualificanti: il basamento, le cornici delle finestre e il cornicione in granito serizzo martellinato, la copertura rivestita in lastre di beola.

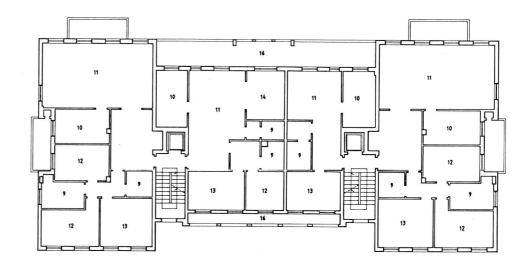

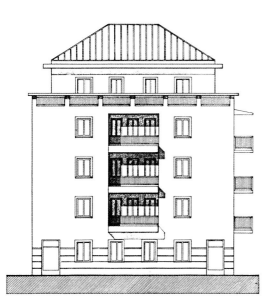

Pianta di un livello superiore, testata, fronte sul cortile e vedute.

Gregotti Associati

con Spartaco Azzola, Carlo Capovilla, Elvio Casagrande, Luciano Claut, Carlo Magnani, Filippo Messina, Gianfranco Trabucco, Piero Antonio Val

Quartiere residenziale a Cannaregio (Venezia)

Il progetto si fonda sul completamento e consolidamento della struttura insediativa esistente, caratterizzata da una edificazione a pettine sul rio di Cannaregio, maggiormente compatta ma ugualmente incompleta verso la Lista di Spagna, sottolineando il ruolo degli spazi aperti e di relazione quali elementi misuratori dell'insieme.

La scelta della tipologia a corte allungata si rivela congeniale all'istituzione di una gerarchia nei caratteri e nelle dimensioni delle calli di penetrazione, attestandosi sul campo Lungo che è perpendicolarmente, elemento regolatore della connessione dei sistemi suddetti, percorso pedonale principale, spazio pubblico su cui si attestano le attività commerciali e artigianali previste, i servizi pubblici e le aree verdi. Su di esso si specificano le altre unità edilizie, come la definizione dell'edificio a sud, posto a confine dell'area con l'elemento eccezionale del portico a doppia altezza che ne segue la variazione di direzione in corrispondenza della direttrice principale di paesaggio proveniente dalla fondazione di Cannaregio e la caratterizzazione delle testate delle corti allungate.

Analogamente l'edificio sul rio della Crea, l'unico a diretto contatto con l'acqua, trae le proprie ragioni conformative dalla propria collocazione, con il profondo corpo di fabbrica che, consente di ricavare una lunga cavana verso il campo.

La configurazione degli spazi aperti, la calle, il campo Lungo, il campo Verde, il canale, e il loro controllo architettonico divengono i veri e propri elementi regolatori del sistema delle connessioni e della misura delle relazioni. Tali aspetti vengono assunti come principi per la definizione architettonica degli edifici sviluppando un'idea che colga il concetto di differenza come specificità delle singole soluzioni in rapporto al contesto.

Si sviluppa così il concetto di citazione strutturale e non stilistica che sottende tutto l'intervento. L'attacco a terra diviene l'occasione della massima articolazione degli edifici in rapporto alle condizioni contestuali, mente il ruolo di riunificazione delle soluzioni figurative è affidato ad lacuni dettagli. Anche il coronamento superiore è occasione di soluzioni specifiche sviluppando il principio veneziano dell'altana. Particolare attenzione è rivolta allo studio tipologico degli alloggi, privilegiando il rapporto fra interno e esterno con l'adozione di zone giorno passanti, la cura per gli spazi privati esterni, la particolarità delle soluzioni nei punti di attacco fra manufatti di progetto ed edifici esistenti.

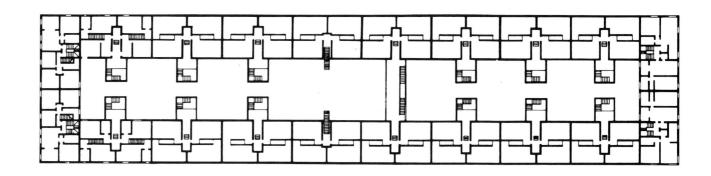

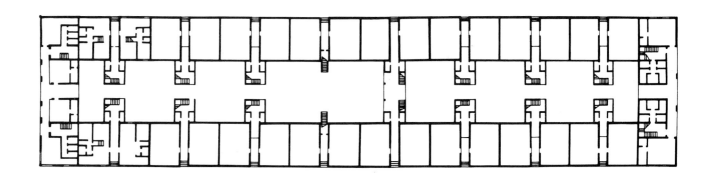

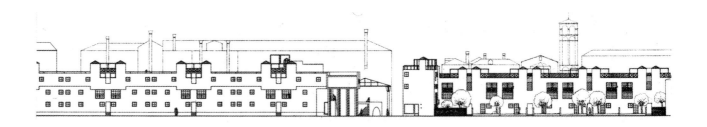

Prospettiva della corte, piante, prospetti e sezioni dell'intervento.

Dettaglio dell'ingresso, veduta della corte interna e del fronte con l'altana.

Scorci dei fronti.

Giuseppe Losco,
Ettore Pellegrini

con Manuela Ginesi

Casa a Sant'Angelo dei Lombardi (Avellino)

La casa sorge al limite dell'area urabana. Il fronte di ingresso è orientato verso il paese e il retro verso una zona boschiva della campagna circostante. La zona di arrivo è considerata di servizio, in quanto posta a monte di un terreno in pendenza e confinante con l'area urbanizzata. Un piazzale semicircolare lastricato serve due autorimesse e la galleria di ingresso "chiude" gli ambienti di soggiorno aperti sulla più ampia visuale paesaggistica.

La casa si struttura attraverso l'assemblaggio planimetrico e volumetrico di componenti funzionali geometricamente definiti: la croce dei percorsi e servizi, i quadrati delle stanze da letto, il semicerchio della zona camino-conversazione del soggiorno. L'accostamento di queste forme crea la struttura complessiva.

Il soggiorno è diviso in tre zone: pranzo, studio e zona conversazione; quest'ultima è generata dalla proiezione del semicerchio del camino ed è ampliata verticalmente da una copertura inclinata che raccorda la parete perimetrale vetrata con la sezione della canna fumaria del camino.

Al piano superiore la crociera dei percorsi e servizi serve quattro camere uguali. Più oltre diventa superficie a cielo aperto, con spazi fruibili come stenditoi e lavatoi.

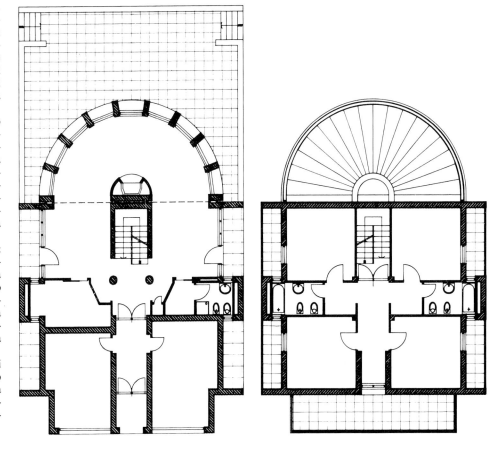

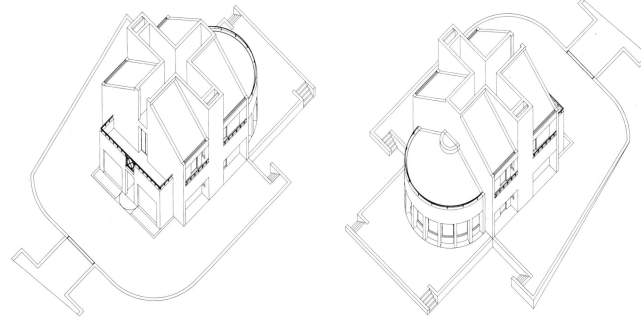

Piante ai due livelli, veduta e assonometrie.

Paola Salmoni,
Giovanna Salmoni,
Vittorio Salmoni

Consulente: Lanfranco Castelli

Edificio residenziale a Senigallia (Ancona)

L'avvio di una grande lottizzazione, che riguarda un'area di circa tre ettari alla periferia nord della città compresa nella zona di espansione prevista dal piano regolatore generale, è avvenuto con l'edificazione di due lotti per complessivi ventidue alloggi.

L'edificio in linea di dieci alloggi progettato nel primo lotto è costituito da tre piani in elevazione e un piano seminterrato per garage. I primi due piani ospitano sei alloggi duplex dotati di ingresso autonomo da un lato e di giardino dall'altro, collegati con scala interna ai box. All'ultimo piano sono disposti quattro alloggi simplex, di differenti metrature, serviti da due corpi scala.

L'impianto dell'edificio è originato da una scelta progettuale alla base di tutto l'intervento: la differente aggregazione di un modulo base costituito da un elemento di forma compiuta scaturito dalla sovrapposizione dei singoli alloggi, con copertura autonoma che tende a formare i diversi tipi edilizi presenti: casa in linea, casa a pianta centrale (a quadrifoglio), casa a "triangolo".

La sequenza lineare di quattro moduli base richiusi da due testate a L e scanditi dal passo del giunto centrale e dei due corpi scala costituisce così l'impianto dell'edificio la cui disposizione planimetrica (e, conseguentemente, il fronte) segna, nel versante sud, il limite del nucleo centrale dell'insediamento.

La scelta dei materiali per il trattamento delle facciate è stata improntata a valorizzare l'architettura in un contesto di semplicità ed economicità.

L'impiego del mattone faccia a vista esalta l'articolazione volumetrica dell'edificio, rilegata dalla linea orizzontale delle logge all'ultimo piano, che sono scandite dalle balaustre in ferro con pannelli di rete metallica e dagli architravi in cemento a vista, e dai corsi di pietra bianca, di travi che intercalano il mattone nel basamento e sotto la copertura.

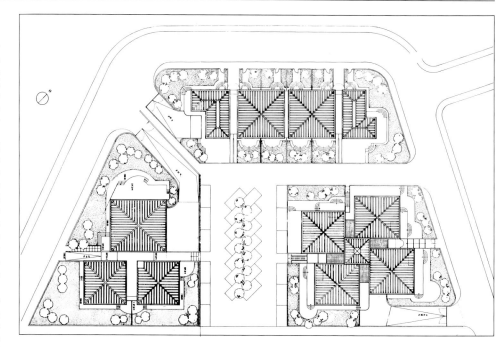

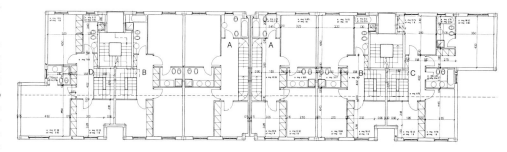

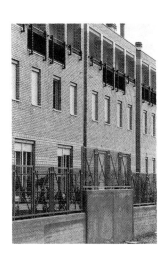

Scorcio di un fronte, planimetria generale, pianta degli alloggi, prospetti principali e vedute dei fronti con le logge.

Vittorio Savi

Casa a Doccia (Firenze)

Traversato il Mugello, si scende la val di Sieve e, prima di raggiungere il capoluogo, Pontassieve, si trova il modo di passare nella val di Sieci, anch'essa acquapendente sull'Arno. A un certo punto, si lascia la strada provinciale tormentata dalla corriera, per imboccare la strada comunale di Galiga, che conduce al podere del Chiasso, che sovrasta il minuscolo paese di Doccia, con la schiera delle case e la parrocchiale, capolavoro dell'ordine rustico toscano.

Circa un secolo fa, nel 1896, il podere si componeva del terreno, di due coloniche binate e della capanna, che davano sulla corte di pietra. La capanna, cioè il fienile, era un saldo edificio di due piani. Il piano superiore era al livello dell'aia e presentava due cameroni dove ammassare i foraggi, ciascuno preceduto dall'anticamera dove riporre gli attrezzi agricoli. Il piano inferiore era sotto, al piede del muraglione di sostegno dell'aia; era di terra battuta e privo di suddivisioni funzionali vere e proprie. Tra il piano superiore e il piano inferiore nessuna comunicazione, fuorché la scala a pioli. Fino a qualche anno fa l'architetto Adolfo Natalini era il proprietario di una delle due coloniche e possedeva anche la capanna, la quale, per quanto di fibra forte, era provata dal tempo trascorso. Poi Adolfo mi vendeva questo immobile e insieme studiavamo il problema della sua riabilitazione e della sua trasformazione in residenza extraurbana, per me e i miei.

Per ragioni eminentemente pratiche quasi tutte le idee di Adolfo erano destinate a rimanere sulla carta (in realtà serie di tavole splendide), mentre le mie scelte erano destinate a sostanziare il progetto ufficiale. Perciò stabilivamo che ero io l'autore del progetto e che sarei stato io l'autore dell'opera che ne fosse venuta. Anche se l'avvocato del diavolo avrebbe avuto molto da eccepire su questa decisione...

Il progetto prevedeva il rifacimento capace di ottenere un'architettura fornita di determinato carattere utilitario e determinate caratteristiche abitative o, se è preferibile, in grado di esporre il conflitto insanabile tra l'identità vecchia e la tipologia nuova senza pretesa di razionalizzazione. Prevedeva insomma un intervento sui generis ma strettamente inerente alla tradizione disciplinare architettonica; qualche cosa di scisso dalla pratica corrente del cosiddetto riuso, che, a riflettere bene, è assolutamente extradisciplinare.

Così, sulla scorta del progetto, la materia edilizia era rifusa. Ma ecco l'elenco analitico dei maggiori lavori compiuti, sia pur nella successione diversa dalla effettiva sequenza cronologica.
- Ricostruzione di tutta la struttura principale lignea della copertura, eccetuata un'unica grande trave, tronco bellissimo, forse proveniente dal lungofiume.
- Sostituzione della struttura secondaria con l'orditura dei travetti nuovi, uguali ai precedenti.
- Impermeabilizzazione del tetto tramite falde di solai di laterizio armato, i cui spessori andavano a marcare la fronte settentrionale, e come; e era difficile nasconderli e infine bisognava rinunciare a

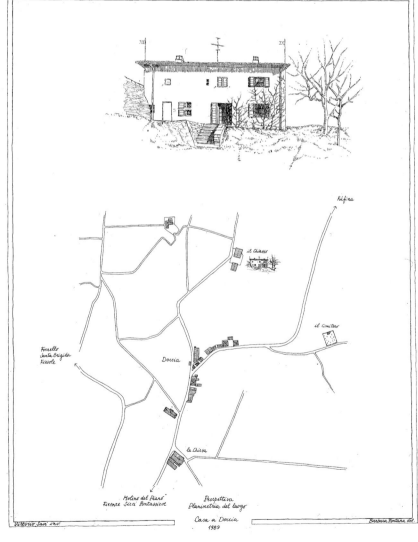

Veduta del fronte nord, localizzazione dell'intervento, piante e prospetti.

qualunque maschera. Se, romanticamente, si fosse soprasseduto alla impermeabilizzazione, si sarebbe dovuto pagare lo scotto della cattiva abitabilità del piano superiore o controsoffittarlo e perdere così il valore di grande volume spazioso, cioè pesante di mangifico spazio arcaico.
– Sostituzione della distesa delle tegole marsigliesi mediante il manto degli embrici e dei coppi di recupero, ma efficienti.
– Conservazione e incremento della fronte settentrionale già contrassegnata dai due portali a arco, quindi identificante quello che sarebbe stato il motivo poetico peculiare dell'intero rifacimento, il tema del doppio. Doppio non come altro da sé, ma proprio come ripetizione uguale, così preziosa in architettura.
– Eliminazione dei mandorlati di aerazione dei foraggi e ridisegno delle fronti meridionale (verso il paesaggio della val di Sieci), orientale (verso il panorama risentito del Preappennino), occidentale (verso il panorama sfumante dei colli fiesolani e fiorentini). Che, dopo la reimpaginazione, sarebbero state intonacate e dipinte di giallo e fornite di porte e portelloni grigioazzurri, colori intonati alla tinta bigia dominante nell'aspetto di questa parte della regione toscana.
– Introduzione degli impinati tecnologici moderni, specie l'impianto del riscaldamento dell'aria con i focolari, i termosifoni, le canne fumarie, lasciate in vista a misurare l'altezza degli ambienti e culminanti nei comignoli.
Quattro comignoli, alti come uomini, riuniti a due a due, dei quali uno finto per simmetria.
– Getto del solaio alla quota di campagna, là dove era la terra battuta.
– Erezione di rampe di scale in posizione centrale, attorno al gran muro di spina, fondato nel 1896 direttamente sul crinale della collina.
– Tramezzatura interna, di modo che ciascuna stanza conoscesse il proprio speculare simmetrico.
Più tardi, quando progetto e cantiere furono esauriti, veniva scelto l'arredo; nonché ritagliato il giardino dal paesaggio locale. Ora la casa e là, addossata ai contrafforti del Chiasso. Sembra richiamare alla residenza extraurbana del protorazionalismo internazionale da Loos a Tessenow a Asplund, piuttosto che alla dimora rurale toscana, quella raffigurata dalla matita di Rosai che si serviva del righello per rendere più duri i contorni. Ogni interno è sodo, prospettico, severo ma ravvivato dal rosso che riverbera dai soffitti laterizi e dai pavimenti di cotto impunetino; simile all'interno ritratto dal pittore primitivo, trecentista o quattrocentista.
Ogni stanza porta almeno un episodio di doppio. Ad esempio, il bagno mostra il lavabo raddoppiato; memore dell'indimenticabile *cabinet de toilette* di Jeanne et Paul, protagonisti di *Ultimo tango a Parigi*.

Vedute dell'interno e del fronte d'ingresso.

Franco Stella

Casa a Thiene (Vicenza)

Sorge in un lotto quasi rettangolare alla periferia di Thiene, nella provincia di Vicenza, ed è destinata alla residenza stabile di una famiglia.

La sua immagine si presenta come combinazione di una costruzione e di uno scavo di uguale pianta quadrata: la prima nella forma di un parallelepipedo di due piani fuoriterra e di uno interrato, il secondo di un cortile porticato. Attorno a questi due luoghi principali dello spazio chiuso e di quello aperto troviamo, nel piano sotterraneo, una serie di locali e le fosse della rampa veicolare e delle scale di accesso al cortile; al piano terreno, un prato rettangolare davanti alla casa e superfici lastricate ai suoi fianchi. Due assi ortogonali regolano la disposizione degli spazi interni del corpo principale: del piano terreno prevalentemente destinato all'ospitalità, del piano primo riservato all'abitazione della famiglia, del piano interrato con le attrezzature per la ricreazione sportiva e la cura del corpo. Lungo l'asse longitudinale mediano sono disposti gli spazi singolari, d'uso comune: a livello del cortile, la sala colonnata della piscina, con cinque piccole esedre nel lato di fondo; a livello della strada, una sala passante preceduta e conclusa da breve portico; sopra, una sala rotonda con soffitto a cupola ribassata, fra due quadrate con loggia. Ai punti di intersezione di quest'asse con i limiti del lotto corrispondono i due opposti accessi alla casa: quello dalla strada segnato da una rientranza della recinzione metallica e quello dal cortile, segnato da un arco e da una nicchia di pietra bianca. Lungo l'asse trasversale, due vani simmetrici contengono rispettivamente una scala e un ascensore.

La pianta quadrata di ciascun piano è pertanto ripartita in una croce di luoghi centrali e in quattro settori d'angolo uguali, talvolta suddivisi in più locali.

Tre fori circolari del diametro di un metro e venti, ritagliati nei solai introducono un elemento di invenzione nella qualificazione degli spazi interni. È un terzo asse, perpendicolare ai due ben noti della composizione planimetrica: è un fascio di luce zenitale che attraversa tutta la casa nel punto centrale e congiunge la visione del cielo con quella dell'acqua.

Inserti di pietra d'Istria-Orsera fra muri di colore bianco-avorio descrivono l'ordine interno nell'immagine esteriore del corpo fuoriterra: ai luoghi centrali corrisponde il vuoto di due logge sovrapposte fra pareti cieche sia nel fronte verso la strada che verso il cortile; ai collegamenti verticali corrisponde il pieno di una fascia verticale rinserrata fra pareti traforate, nelle facciate laterali. Gli inserti orizzontali si presentano nella forma di uno zoccolo, di due cornici marcapiano e di una maggiore di coronamento.

Il cortile interrato è circondato da colonne monolitiche in pietra d'Istria ed è lastricato con porfido rosso. La parete che delimita il portico assume diversa configurazione nei quattro lati: verso la piscina si annulla in una serie di portali vetrati; sul fondo si rinserra per dare risalto all'arco centrale di pietra che immette alle scale; negli altri due lati presenta un analogo disegno di porte ripetute, solo incise nella parete cui si adossa la rampa. Sopra il piano di terra, quattro parapetti definiscono il percorso pensile attorno al cortile e mettono in evidenza la fossa delle scale; la pietra bianca, la stessa del peristilio, sottolinea l'appartenenza di questi elementi alla figura del cortile. Al di là dei parapetti, come sui fianchi della casa, le superfici, lastricate di pietra Serena, diventano grigie, talvolta con inserti di vetro per illuminare locali sottostanti.

Piante ai diversi livelli.

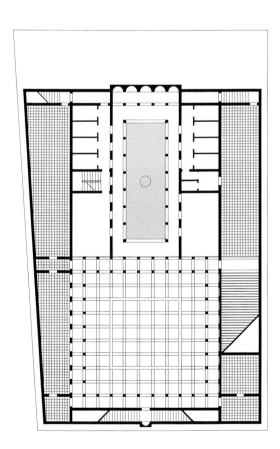
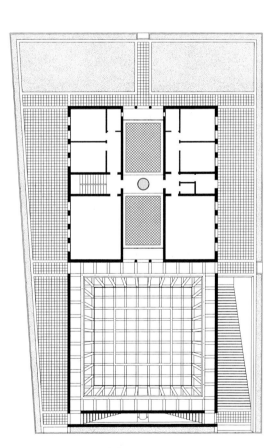
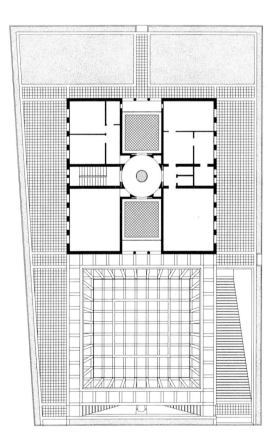

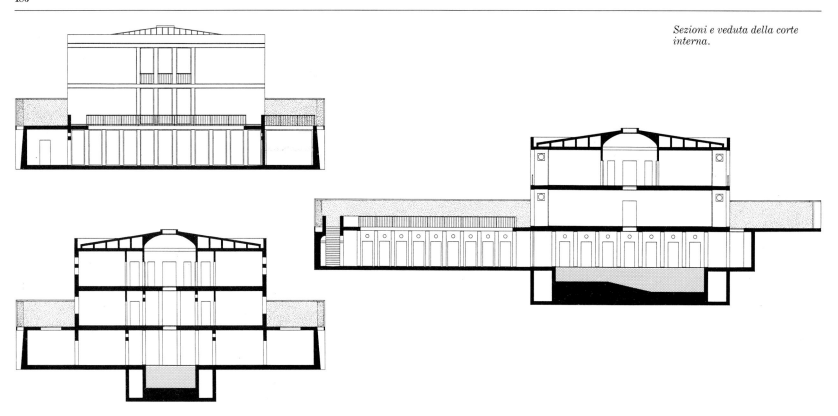

Sezioni e veduta della corte interna.

Ulisse Tramonti

Ristrutturazione a residenza di un ex frantoio a Montemerano (Grosseto)

Dal vicolo propriamente detto delle Mura si giunge alla piazza Solferino, dominata dall'imponente geometria di pietra di un antico frantoio; suggestiva doveva essere l'originaria denominazione, sostituita patriotticamente per cancellare il ricordo di un illuminato governo granducale, di questa piazza, che seppure all'interno della cinta muraria, ripropone nella sua immagine, i caratteri costruttivi rurali della campagna circostante; è la pietra tufacea locale, nobilitata sporadicamente da cornici e angolature in travertino, proveniente dalle vicine cave di Pianetti, a uniformare il colore delle architetture a quello delle mura urbane che delimitano la piazza a sud-ovest. Il disuso e l'abbandono hanno provocato la lenta rovina del frantoio, le intemperie ne hanno ultimato la devastazione.

L'attuale proprietario, un produttore di vini, ne ha richiesto la ristrutturazione per ricavarne la propria abitazione al piano primo, e un ambiente per la degustazione, al piano terra, del proprio e di altri vini. 1837 è la data che si legge sull'architrave di travertino dell'ingresso principale, a ricordare l'ultima ristrutturazione del frantoio; da un'attenta analisi della tessitura muraria che lascia trasparire, accecate, le precedenti aperture, si legge in maniera evidente l'ampliamento di un edificio preesistente.

Il nuovo progetto di ristrutturazione, pur variandone la destinazione d'uso, doveva restituire una funzione quotidiana mantenendo l'emozione prodotta dai grandi spazi trovati: generati da un pilastro centrale in laterizio al piano terra, a sostegno di un grande arco ribassato, a cui corrisponde al piano primo un altro pilastro, sempre in laterizio, da cui si dispartono due grandi archi che portano un muro di pietra a sostegno del colmo del tetto.

L'innovazione progettuale diventa un'architettura a sé stante: una scala in travertino, recuperata sul luogo, addossata da una parte al pilastro centrale e dall'altra a un muro in laterizio, costituisce l'elemento ordinatore delle funzioni e dello spazio; una suggestione architettonica che il paese maremmano ripropone continuamente nelle sue improvvise angolazioni prospettiche.

È ancora la luce l'elemento che ci restituisce il legame tra la nuova spazialità architettonica e l'involucro storico che la contiene: ogni passaggio di luce è stato mantenuto nella posizione originaria, solo un grande occhio è stato aperto sulla parte superiore della parete ovest a ricordo degli squarci del tetto, a caratterizzare la totale continuità dello spazio giorno con zone di luce che variano sia sulle tessiture murarie di pietra, di intonaco, di laterizio che sull'alternarsi dei riquadri di cotto e di travertino del pavimento, al variare delle ore del giorno, come da sempre hanno fatto.

Dettaglio della scala, sezioni e pianta con gli interventi di ristrutturazione.

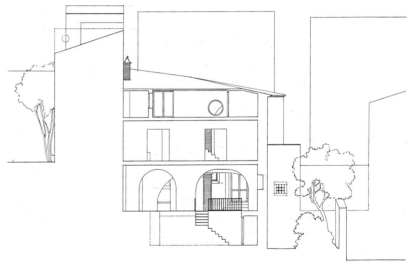

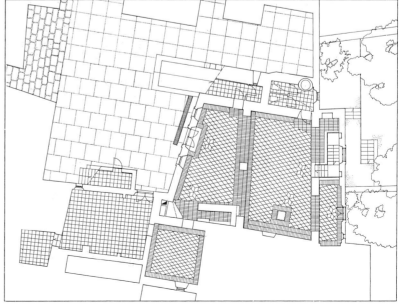

Infrastrutture urbane e territoriali

B.D.R. Architetti Associati

Fontana a Polizzi Generosa (Palermo)

La piazza è caratterizzata dalla forma del triangolo, forma insita nella morfologia esistente; questo nucleo centrale realizzato in pietra di Billiemi è impostato con il lato lungo parallelo alla chiesa e con i vertici rispettivamente su corso Garibaldi, dove si trovano le tre sfere in pietra lavica, e sugli angoli di via San Domenico. La pavimentazione in lastre spesse cinque centimetri presenta sui due lati longitudinali un dentello che nell'accoppiamento delle lastre determina una rigatura continua sulla pavimentazione.

In fondo alla piazza, contenuta nella geometria del triangolo, a formare una quinta architettonica, è collocata la fontana; questa, sfruttando il salto di quota di 1,90 metri esistente fra il livello della piazza e della sottostante via San Domenico, si articola in una successione di vasche, il cui funzionamento è affidato ad un sistema di ricircolo.

La fontana divisa in due da un muro alto 1,50 metri, realizzato con lastre e masselli di pietra Billiemi levigata, configura due diversi sistemi di vasche e di giochi d'acqua. Sulla piazza l'acqua sgorga da una feritoia, lunga 1,60 metri ricavata nel muro, che alimenta in successione la vasca principale. Da questa, l'acqua trabocca nella canalina di raccolta, all'estremità della quale in un blocco di pietra è collocato un "cannolo" di ottone. Per caduta, attraverso il muro, l'acqua alimenta in successione una vasca rotonda e due rettangolari (su via San Domenico) poste a quote differenti, trovando una configurazione più domestica legata alla tradizione degli abbeveratoi.

Alla base del triangolo che configura la fontana è posta la gradinata che collega piazza Gramsci a via San Domenico, al di sotto della quale è ricavato il locale tecnico che alloggia l'impianto per il ricircolo delle acque.

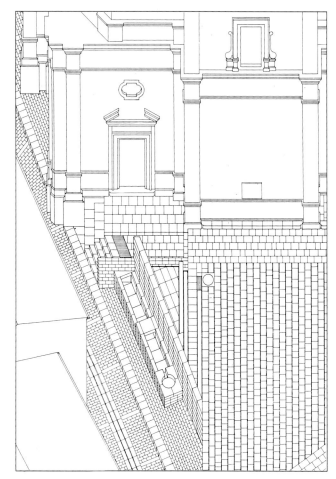

Disegno della fontana con la chiesa sullo sfondo, dettagli e veduta generale.

Pasquale Culotta,
Giuseppe Leone

con Salvatore Vignieri
consulente: Rosario Di Paola

Il fronte a mare di Cefalù tra capo Marchiafava e via Pierre

Il comune di Cefalù, seguendo le indicazioni progettuali del nostro piano particolareggiato del centro storico ha avviato nel 1987 i primi due interventi di restauro delle mura megalitiche (IV secolo a. C.) con la finalità di rendere fruibile la scogliera, che è anche zoccolo naturale del recinto di pietra che cingeva il nucleo originario della città.

Questi due interventi interessano il tratto di capo Marchiafava, denominato "bastione" per la fortificazione costruita nel secolo XVI, e il tratto di via Pierre, conosciuto con il nome "a funtana" per una sorgiva di acqua dolce che scaturisce a livello del mare sotto le mura, in prossimità della "postierla".

Le operazioni affrontate sono state l'eliminazione delle superfetazioni, il consolidamento e il restauro dei paramenti murari e la creazione di un sistema di percorsi, per dare continuità agli spazi urbani fuori le mura, connotando la scogliera come struttura urbana con funzione di parco pubblico sul mare.

I passaggi tra interno ed esterno del recinto megalitico, il bastione, la postierla e la torre di via Pierre sono stati occasione di una ricerca progettuale misurata dalla forte ed essenziale natura dell'architettura dei tre luoghi.

Una natura resa omogenea dalla pietra lumachella, ma differenziata dalle forme primitive ed uniche del grande prisma a spigolo vivo del bastione, del trilite megalitico della postierla, del "fuori scala" dei conci di lumachella delle mura.

Le soluzioni adottate intendono rafforzare la natura "trovata", inserendola in un contesto di nuove relazioni spaziali, create per dare un senso contemporaneo e urbano alle strutture naturali (scogliera) e storiche (bastione e mura) interessate dai lavori di restauro.

alle pagine seguenti
Particolari degli interventi per il fronte a mare.

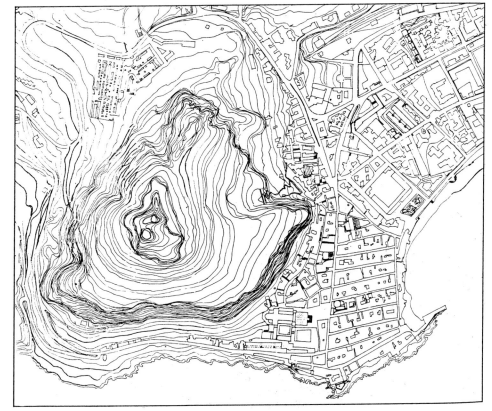

Veduta di Cefalù e planimetria con la localizzazione degli interventi lungo la costa.

Giampaolo Ercolani

con Daniele Durante, Daniela Petino

Fontana monumentale al porto di Napoli

Il progetto per una fontana monumentale nel porto di Napoli è parte di una articolata ipotesi di riordino e recupero dell'area portuale (dal molo Beverello al varco Duomo), con il restauro della stazione Marittima, a cui ho lavorato recentemente. Come spesso accade da noi, le cose si avviano dalla coda e quindi la fontana rischia di restare una isolata opera di riqualificazione in un insieme fortemente degradato.

Per la progettazione della fontana di Npaoli mi sono rivolto a studiare alcune fontane storiche di questa città e in particolare la Medina. Fontana dalla complessa vicenda e dall'attuale struttura tardo-barocca che, compressa dal traffico nell'attuale luogo in cui è stata collocata nell'Ottocento (piazza Bovio), non dialoga più con il Maschio Angioino; essa presenta una pianta circolare e una interessante composizione a quattro ordini di vasche, di cui quelle del primo ordine sono divise da quattro rampe di scale.

Il rapporto esistente, di fatto, tra il luogo previsto per la fontana e la stazione Marittima mi ha portato ad indagare l'opera del suo autore Cesare Bazzani.

Un altro interessante riferimento per capire questo progetto è nell'opera di Pietro Lombardi, che ha disseminato Roma di "delicate fontanelle simboliche che sono gli esempi migliori di ciò che oggi, con un'espressione infelice, si definisce arredo urbano e che meglio sarebbe chiamare alla vecchia maniera di ornato cittadino". Questo progetto di fontana per Napoli ha forse un debito maggiore verso quello che può definirsi un suo modello: i "Treponti" a Comacchio.

Realizzato nel 1634 da Luca Danesi è una struttura scenografica che risolve lo scavalcamento di quattro canali alla convergenza di cinque percorsi pedonali.

La mia fontana ha subito poche modificazioni in corso d'opera e in ogni caso sono state sempre controllate progettualmente; la più evidente, però, riguarda il suo posizionamento che era previsto alla intersezione di due assi: quello centrale e longitudinale della stazione Marittima e quello ortogonale all'ingresso all'area portuale dalla piazza Municipio. Essa sorge su una pavimentazione a fuso lunga 69,50 metri che si configura come una imbarcazione in asse con la stazione Marittima. Ha una struttura ellittica che misura 7,70 metri all'asse maggiore e 12,00 metri all'asse minore, costituente la vasca principale.

Quattro rampe a cordonata collegano il piazzale all'"isola centrale", anch'essa ellittica e ruotata di 90° e sopraelevata. Questa piccola piazza attrezzata con lampioni, sedili e fontanelle è pavimentata in granito nero grezzo simile alla pietra vesuviana, ormai introvabile, con disegni in travertino. Di travertino sono anche gli arredi e tutto il rivestimento della fontana, un travertino molto simile a quello della stazione Marittima. Quattro vasche a stramazzo, definite dalle rampe, gettano acqua nella vasca principale. Il nucleo centrale contiene le centraline di comando, le pompe per il ricircolo dell'acqua e le vasche di compensazione.

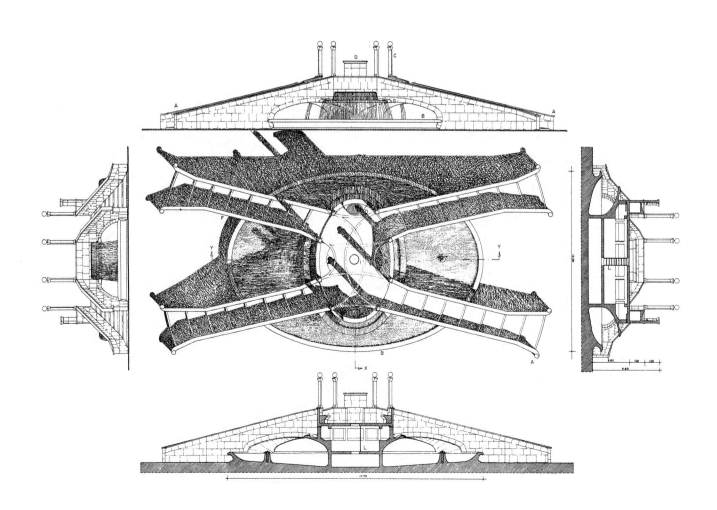

Pianta, prospetti e sezioni e vedute della fontana.

Isotta Forni,
Raffaele Marone

consulente: Franco Forni

Veduta dell'ingresso, planimetria, prospetti, sezione e piante.

Serbatoio idrico a Castelluccio Superiore (Potenza)

Il serbatoio per le acque delle sorgenti Mangosa e San Giovanni è situato nel comune di Castelluccio Superiore a quota 1074 metri, alla sommità di un pendio pietroso del monte Misciarolara.
L'edificio è costituito da un sistema di vasche, completamente incassate nel terreno, e da un corridoio di sorveglianza con camera di manovra che, anteposto alle vasche stesse, ne definisce il fronte emergente.
L'incarico, affidato quando le opere di fondazione erano già state realizzate, richiedeva la ridefinizione del fronte, originariamente previsto in pannelli prefabbricati, nel rispetto degli elementi strutturali già progettati: passo dei pilastri, posizione della camera di manovra, altezze complessive dei diversi elementi, falde di copertura.
Il passo strutturale viene posto in evidenza, lungo il corridoio, attraverso il ridisegno dei pilastri, mentre gli elementi piani di chiusura vengono inclinati per consentire l'aerazione e il basso grado di illuminazione richiesti.
Della camera di manovra, edificio "in forma di casa", viene sottolineato il fronte attraverso modanature orizzontali a rilievo, e l'ingresso, attraverso un grande portale staccato.
Il fronte è realizzato in calcestruzzo armato faccia a vista. Le falde di copertura sono rivestite in lastre di rame.
Le condizioni iniziali, affatto speciali, hanno fornito il senso al progetto. Il disegno che doveva essere realizzato, e per il quale era già stata compiuta parte delle opere di fondazione, portava in sé dei caratteri particolari rispetto alla costruzione dello spazio: in ogni caso, il lungo fronte avrebbe assolto alla "funzione" architettonica di sostruzione del grande piano orizzontale coperto di terra che la copertura delle vasche andava a determinare; e, comunque, il volume sporgente della camera di manovra andava a porsi come eccezione alla regola stabilita dagli elementi di chiusura del fronte più arretrato.
Due temi, solamente da interpretare, offriva il grande manufatto: la terrazza, tratto di mediazione, attraverso la potente linea orizzontale, fra la forma naturale della roccia e l'assenza di forma del cielo, elemento "sostenuto" da parti strutturali che stabiliscono un ritmo di pieni e vuoti, di ombre e luci, richiamando alla mente le sostruzioni del tempio romano di Giove Anxur eretto nel I secolo a. C. a Terracina; la casa incastrata in un grande manufatto infrastrutturale, un tema che si ripropone a Roma, dove ciò che rimane dell'acquedotto Claudio diviene spina di aggregazione di edifici diversi, o anche a Evora dove invece fra le arcate settecentesche dell'acquedotto si incastrano le case.
Il progetto allora, guidato da queste due idee, "le sostruzioni della terrazza" e "la casa incastrata", lavorava solo alla definizione di due elementi dalla natura formale diversa: il fronte arretrato doveva "tenere" il grande piano orizzontale di terra, la camera di manovra doveva "essere" una casa.

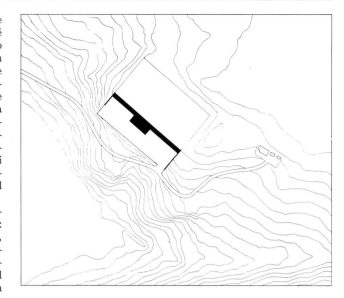

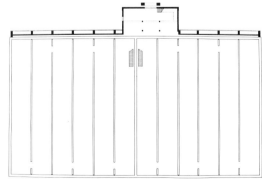

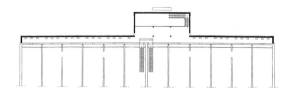

Scorci e veduta generale del serbatoio.

Claudio Puppini

Sistemazione architettonica del terrapieno nel Borgo della Roggia a Tolmezzo (Udine)

Fino dal XIV secolo, quando il patriarca Raimondo della Torre concesse ai tolmezzini di cingere la "terra" con un sistema difensivo, Tolmezzo era attraversata per tutta la sua lunghezza dalla roggia, che tra l'altro forniva energia ad alcuni mulini e, nel Settecento, anche a una fabbrica di tele.

A partire dalla fine dell'Ottocento il corso d'acqua finì con l'essere progressivamente coperto, e dopo il terremoto del 1976 il terrapieno del borgo della roggia venne interamente occupato dai prefabbricati installati per dare una sistemazione provvisoria alle attività commerciali terremotate.

L'intervento, il cui progetto di massima risale alla fine del 1984, e che è stato completato nel 1989, ha permesso la riapertura di un considerevole tratto di roggia e la sistemazione architettonica di tutto il borgo, ricavando un ambiente prevalentemente riservato ai pedoni. L'opera, inserita in uno spazio molto allungato e stretto tra due cortine di edifici, per lo più di modesto valore architettonico, e condizionata dal vincolo, imposto dall'amministrazione, di conservare l'attraversamento veicolare in corrispondenza della via del Tintore, è stata concepita come un racconto architettonico che si svolge alle spalle del lungo muro di sostegno del terrapieno, rivestito in pietra piasentina, e che inizia a valle con il portale d'ingresso alla salita, per concludersi in prossimità della piazza XX Settembre con il grande pozzo che segna l'inizio della roggia scoperta.

Due muri ad arco di notevoli dimensioni, posti in corrispondenza degli assi delle due vie Oscura e del Tintore, segnano gli accessi pedonali e le scale che portano al terrapieno. La rampa di accesso veicolare è a sua volta evidenziata da uno schermo in calcestruzzo a vista, che verso la roggia si fa fioriera e che è stato trattato come pretesto di virtuosismo strutturale, e da una piramide in ferro non ancora realizzata.

Il verde, trattato a pannelli, quasi fosse un materiale da pavimentazione, gli alberi imprigionati nelle forme architettoniche, le due colonne che si ergono dall'acqua e che saranno sormontate da una trabeazione di forme classiche, la panchina dei fidanzati, il rumore dell'acqua prodotto dalle paratoie in calcestruzzo, le trasparenze, appena accennate, delle cortine murarie, i ponticelli in ferro, legno e marmo bianco, la posta delle anatre, i finti macigni che sporgono dai muri verso la roggia, il campionario dei marmi carnici, contribuiscono tutti insieme ad animare uno spazio che può essere interamente apprezzato solo percorrendolo.

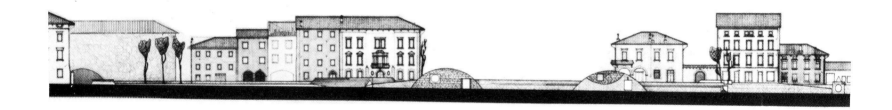

Profilo e dettagli della sistemazione.

Mosè Ricci,
Filippo Spaini

con Carla Ghezzi

Progetto di riqualificazione delle terme di Caramanico (Pescara)

Il piano di riqualificazione delle strutture termali di Caramanico Terme – un paese dell'interno abruzzese sulle pendici della Maiella – riguarda principalmente la ristrutturazione e l'ampliamento dello stabilimento e del parco esistenti. L'intervento progettuale rappresenta l'occasione per restituire un'identità al luogo termale e per la riorganizzazione morfologica e funzionale dei vari corpi edilizi che costituiscono lo stabilimento, costruiti in epoche successive e con diversi criteri dalla fine dell'Ottocento a oggi.

Il progetto del parco delle terme è la descrizione di una parte urbana, un frammento di città che tende a recuperare la memoria del luogo termale.

All'interno del complesso l'asse novecentesco, che lega la città antica allo stabilimento e che ha strutturato l'espansione urbana nel dopoguerra, diventa il segno direttore che organizza la sequenza degli interventi progettuali.

In questo schema il tradizionale rapporto tra costruito e vegetazione viene ribaltato: è il sistema degli elementi naturali (acqua e verde) che dà forma e unità alla struttura morfologica. E ricuce i nuovi e gli antichi simboli.

Allo stesso modo la tipologia degli interventi di progetto allude a una sovversione delle relazioni temporali. Come se i lay-out delle singole parti nel parco fossero episodi di un unico disegno preesistente, oggi interrotto e reso frammentario dalla schizzofrenia delle nuove costruzioni.

Scendendo di scala, infatti, possono essere individuati poli di concentrazione tematica, funzionalmente specializzati e identificati da simboli – come architetture "verdi" – che amplificano il significato delle permanenze storiche o ambientali.

Così tracce, memorie e progetto si intrecciano nell'invenzione del paesaggio naturale del parco e alla fine non è più possibile – ma forse nemmeno è importante – distinguere le parti di questo gioco della modificazione.

I materiali usati per la realizzazione degli interventi di progetto sono stati scelti in base a criteri di identificazione e di riconnessione tra le parti, oltre che di economia di realizzazione e manutenzione. I nuovi manufatti sono costruiti in blocchi di cemento e argilla espansa precolorati con ossidi nell'impasto. I muri di recinzione e di contenimento del terreno e gli elementi di arredo del parco (sedute, fontane ecc.) sono realizzati in pietra e blocchi di cemento bianco splittati. Le pavimentazioni esterne sono costituite da lastre di cemento con ghiaia di marmo lavata e ricorsi in cotto. Per i rivestimenti e le pavimentazioni interne sono state usate, inoltre, composizioni policrome di elementi lapidei.

L'acqua e la vegetazione sono gli altri materiali che definiscono la forma architettonica di questo luogo.

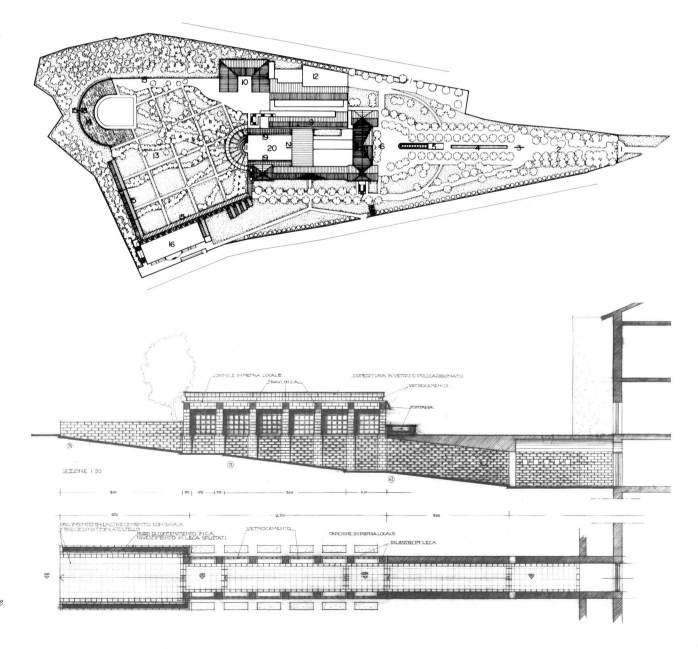

Planimetria generale, sezione e pianta.

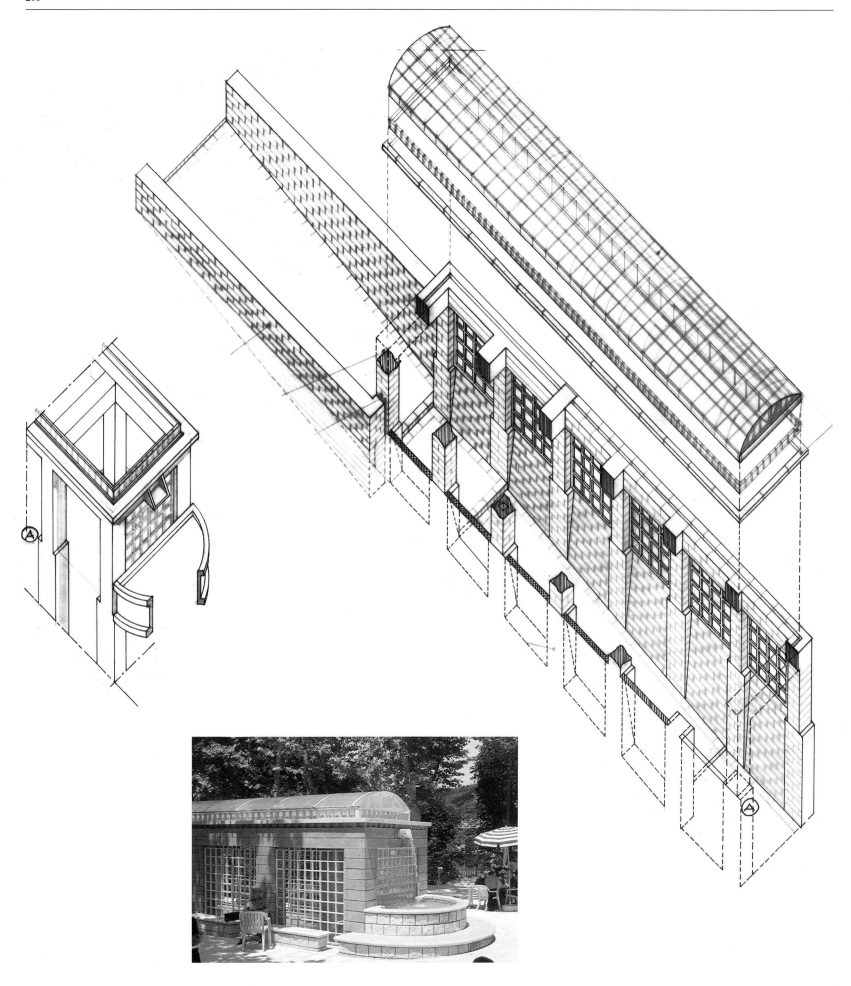

Spaccato assonometrico, dettaglio, veduta della fontana in testata e dell'ingresso alle terme.

Indice e referenze fotografiche

12 M. Aprile, Collovà, T. La Rocca
Consolidamento, restauro e ricostruzione delle case Di Stefano a Gibellina
Foto di Roberto Collovà

17 Ascarelli, Macciocchi, Nicolao & Parisio
Il giardino di piazza Dante a Roma

18 A. Aymonino, C. Baldisserri, L. Sarti
Teatro all'aperto e autosilo a Brisighella

20 G. Barbieri, A. Del Bo, C. A. Manzo, R. Mennella
Centro sportivo dell'università G. D'Annunzio a Chieti

24 S. Bisogni
Edificio scolastico a Soccavo di Napoli
Foto di Mimmo Jodice

28 A. R. Burelli
Chiesa e campanile di Sant'Elena Imperatrice a Montenars
Foto di Augusto Romano Burelli

32 I. Candusso, M. Mengucci, R. Rossini
Scuola materna del quartiere Capanna, Senigallia

33 G. Canella
Palazzo di Giustizia di Ancona
Foto di Stefano Topuntoli

37 Maurizio Carones
Cappella funeraria nel cimitero di Luvinate

38 E. Dimauro, V. Duminuco, G. Gruttadauria, U. Rosa
Centro sociale a Montedoro

42 M. Fazzino, D. Sandri
Edificio postale a Villa Falletto
Foto di Gabriele Basilico

44 R. Gabetti, A. Oreglia d'Isola, G. Drocco
Monastero delle Carmelitane scalze, Quart
Foto di Giovanni Chiaramonte

50 M. C. Garcia La Fuente, M. Monge
Casa di accoglienza per anziani a Montecchio
Foto di Dida Biggi

52 I. Gardella
Sede della Facoltà di architettura di Genova
Foto di Stefano Topuntoli

56 G. Gigli, B. Remotti, G. Remotti, G. L. Rolli
Facoltà di scienze dell'università dell'Aquila
Foto di Andrea Berretta

57 R. Giussani, O. Berri
Collezione di antichi stampi per tessuti a Ossona

60 A. Gozzi, A. Medici
Cimitero di Salina

62 G. Maciocco
Azienda autonoma di soggiorno e turismo a Olbia

63 V. Massari, G. Zaniboni
Centro sportivo di Roncadelle

66 L. Molteni, M. Molteni, P. C. Pellegrini, A. Perelli
Cimitero comunale di Porcari

68 M. Narpozzi, C. Magnani, C. Aldegheri, P. Giacomin
S. Rocchetto Nuovo cimitero di Fiesso D'Artico

70 A. Navarini, F. Veronesi
Centro sociale per anziani a Roncadelle

71 R. Piano Architect-Building Workshop
Nuovo stadio di Bari
Foto di Gianni Berengo Gardin

76 A. Pizzigoni
Cappella per servizi cimiteriali nel cimitero comunale di Zandobbio

78 P. Portoghesi, V. Gigliotti, S. Mousawi
Moschea di Roma

84 C. Pozzi, A. Conte
Il giardino delle attività sportive a Pomarico

86 F. Purini, L. Thermes
Le nuove piazze di Gibellina

90 D. Rabitti, R. Lucci
Asilo e scuola materna a San Pietro a Patierno

92 D. Rabitti
Giardino pubblico e impianti sportivi a San Pietro a Patierno

93 R. Rava, C. Piersanti
Museo internazionale delle ceramiche di Faenza

94 A. Renna, V. Biasibetti, F. Escalona, M. La Greca, V. Patitucci
Casa comunale a Monteruscello

97 G. Rosa
Cimitero di Voltabarozzo a Padova
Foto di Raffaello Scatasta

100 A. Rossi, I. Gardella, F. Reinhart, A. Sibilla
La ricostruzione del teatro Carlo Felice a Genova
Foto di Marco Buzzoni, Mauro Daroli, Alessandro Rocca

106 F. Rovetta
Il museo delle armi nel castello di Brescia
Foto di Fotostudio Rapuzzi

108 A. Sassi, L. Sacchetti
Scuola e convitto residenziale a Reggio Emilia

110 G. Stefanoni
Scuola materna a Perego

111 F. Venezia, M. Aprile, R. Collovà
Giardino comunale nel quartiere del Carmine a Salemi
Foto di Roberto Collovà

115 G. Zanella
Cappella funeraria a Lonate Pozzolo

116 O. Zoegeler
Ampliamento della scuola elementare di Chiusa

122 D. Ferrazza, L. Gatti (studio AUA), P. Salmoiraghi
Padiglione Enel alla fiera del Levante a Bari

123 A. Mazzini
Centro di vendita Unicoop a Pilli
Foto di Antonio Garbasso

126 B. Minardi, G. Grossi
Punto vela a Marina di Ravenna

130 P. Pedron
Edificio commerciale a Mezzocorona

133 R. Ravegnani Morosini, C. Zucchi
Spaccio aziendale a Urago d'Oglio

136 F. Spirito
Edificio commerciale a Monteruscello

138 D. Valli, G. Carcano
Chiosco bar nella piazza a lago, Cernobbio

142 L. Anversa Ferretti
Edificio residenziale a Monticchio

145 Associati Associati: B. Albrecht, S. Baiguera, C. Buizza, F. Cerudelli, G. Leoni, M. Rossi, I. I. Tognazzi, G. Ziletti
Case a schiera nei pressi di Iseo

147 G. Barachetti
Casa bifamiliare a Cantello

148 G. Barazzetta, M. Sacchi
Case a schiera a Bareggio

150 L. Berni, A. Leroy, A. Montesi
Edificio residenziale a Monza

152 R. Bollati, S. Bollati, G. Figus
Edificio per uffici e abitazioni a Roma

154 A. Caccia, P. Colombo, R. Mangone, P. Monti
Edificio residenziale a Bollate
Foto di Fabio Fondacci

156 M. Cannatà, F. Fernandes
Edificio residenziale ad Polistena

158 C. Chiarini, L. Cremona, I. Melanesi
Residenze a Tor Sapienza

160 S. Cordeschi
Edificio residenziale a Acquapendente

164 V. De Feo
Abitazioni economico-popolari a Ponte della Pietra

167 A. Del Corso
Casa Albini a Induno Olona

168 V. Di Florio, P. L. Tranti
Ampliamento di una casa colonica ad Atessa

169 G. Fioravanti
Intervento residenziale a Ponticelli

170 L. Franciosini, A. Saggio
Villa a Sutri
Foto di Dennis Marsico

171 R. Fregna, S. Polito
Edificio residenziale a Sant'Agata Bolognese

172 F. Grattirola, A. Gozzi, P. Balgera, G. Patriarca
Edificio per uffici e appartamenti a Sondrio
Foto di Giorgio De Giorgi

174 Gregotti Associati
Quartiere residenziale a Cannaregio

179 G. Losco, E. Pellegrini
Casa a Sant'Angelo dei Lombardi

180 P. Salmoni, G. Salmoni, V. Salmoni
Edificio residenziale a Senigallia

182 V. Savi
Casa a Doccia
Foto di Luigi Ghirri

185 F. Stella
Casa a Thiene

187 U. Tramonti
Ristrutturazione a residenza di un ex frantoio a Montemerano

190 B.D.R. Architetti Associati
Fontana a Polizzi Generosa

191 P. Culotta, G. Leone
Il fronte a mare di Cefalù tra capo Marchiafava e via Pierre
Foto di Giovanni Chiaramonte

194 G. Ercolani
Fontana monumentale al porto di Napoli
Foto di Paola Ghirotti

196 I. Forni, R. Marone
Serbatoio idrico a Castelluccio Superiore

198 C. Puppini
Sistemazione architettonica del terrapieno nel Borgo della Roggia a Tolmezzo

199 M. Ricci, F. Spaini
Progetto di riqualificazione delle terme di Caramanico

Stampato per conto di Electa
dalla Fantonigrafica-Elemond Editori Associati